マイナビ新書

ナポリタンの不思議

田中健介

マイナビ新書

はじめに

スパゲッティナポリタンという料理を知らない人はいるのだろうか。スーパーマーケットへ行けば、冷凍食品からチルド食品、レトルトソースなど、家庭で簡単に食べられるようになるほど普及している。だが、外食でそれを選ぶ人はどれくらいいるのだろうか。

古き良き洋食店や喫茶店のあのレトロな空間でいただくそれは、懐かしい味わいという月並みな表現とともに、ちょっとしたタイムスリップ感も味わう愉しさがあるが、それを愉しめる人はどれくらいいるのだろうか。

お昼休みのサラリーマン。最近は懐も厳しくて、そう毎日外食もできないのかも知れないが、「ラーメンにしようか、カレーにしようか、牛丼にしようか」という選択肢の中に「スパゲッティナポリタン」がある人はどれくらいいるのだろうか。

当たり前に普及しているようで、実はそうでもないように感じるナポリタン。

スパゲッティナポリタンはどんな料理か。スパゲッティは太い方が良いか？具は玉ねぎか、ピーマンか、マッシュルームか、そしてベーコンか、ハムか、ウインナーか。炒め油はバターか、マーガリンか、オリーブオイルか、ラードか。いずれにしても風味が変わる。そしてトマトソースか、トマトケチャップか。汁気は残すか、しっかり炒めて甘みを出すか。人それぞれに微妙に好みが違うのが面白い。

イタリア料理ではないナポリタン。実はフランス料理がルーツのナポリタン。日本人の記憶から遠くなりつつある戦争というものを経た結果、アメリカの食文化も混じって、トマトケチャップ片手に小麦食を推奨され、何故か和食となっていくナポリタン。

この不思議な変遷を遂げた戦後昭和の貴重な洋食文化の象徴的存在であるナポリタンは、どのように生まれ、発展してきたのか。和食、すなわちそれは日本人向けにアレンジされガラパゴス化してしまったが故に、バブル期に起きた「グルメブーム」「イタ飯ブーム」で危機的状況に追い込まれてしまった過去を持つ。

そして東では「ナポリタン」、西では「イタリアン」と呼び名が違う謎や、ナポリタンを提供する喫茶店を残したい、ナポリタンを改めて国民食にしたい、そんな人々がいることも含め、『ナポリタンの不思議』として筆を執った。

この本を読んでスパゲッティナポリタンの魅力を再認識していただけるだろうか。実はそんなに自信はない。日本の洋食文化の歴史は、調べれば調べるほどドツボにハマる。筆者が取り上げたのはほんの一部分でしかなく、ナポリタンの世界はもっともっと深く、広い。おかげで筆者の頭の中はいまだに混沌としている。ただ、この本を読んで改めてナポリタンを、食べたいと言わせたい。思わせたい。その思いが読者の方々に伝わりさえすれば、ナポリタン好きの筆者としてはこれほど嬉しいことはない。

自信はないけれど筆者なりにかなりの取材や調べ物をしてきたつもりだし、歴史だけではない「これから」にもスポットを当てている、今までにない「ナポリタン論」であることだけは自負している。

さあ、どうぞスパゲッティナポリタンの世界へ！

日本ナポリタン学会会長
田中健介

ナポリタンの不思議

目次

はじめに　3

第一章　ナポリタンの歴史―横浜から広がった戦後洋食文化

『横浜流～全てはここから始まった～』から深掘りするナポリタンの歴史　16
ホテルニューグランド開業前の動き　18
鈴本敏雄著『仏蘭西料理献立書及調理法解説』　19
ホテルニューグランドの開業、初代総料理長サリー・ワイル氏　20
アラカルトメニューと戦後ナポリタンの発祥　22
一九三四年の古川ロッパ氏の記述について　26
錚々たる面々のワイル氏の弟子たち　29
ワイル氏の薫陶を受けた町場の洋食屋「センターグリル」　31
名店を渡り歩いた荒田勇作氏　37
荒田勇作氏のキャッスル時代の弟子が存命、思い出を語る　39
横浜洋食のもう一つの柱・客船洋食　41

客船洋食から生まれた「レストランかをり」 43
独特なナポリタン、そしてミラノ？ 47
ペッレグリーノ・アルトゥージ著『イタリア料理大全』 49
戦後の食糧難から小麦食推進、パスタ元年 52

第二章　ナポリタンとイタリアンの境界線

元祖鉄板「イタリアンスパゲッティ」の「喫茶ユキ」 54
日本の技術が結集した「喫茶ユキ」イタスパ誕生のストーリー 58
ナポリタンとイタリアンの境界線を探る旅 62
熱海市「ドライブイン熱海プリン食堂」で鉄板！ナポリタン〜温玉のせ〜 64
三島市「cafe ×kitchen pangram」の鉄板ナポリタン 69
沼津市の純喫茶「欧蘭陀館香貫店」のナポリタン 71
富士市は「つけナポリタン」の街・その① 74
富士市は「つけナポリタン」の街・その② 79

静岡市に一軒「イタリアンスパゲッティ」があったが……「レストラン栄屋」 83
焼津市にはナポリタンに最適な給食用ソフトめんを作る製麺所がある 85
藤枝市は「なごやめし」の「あんかけスパ」専門店があった―「助宗食堂」 90
島田市の立ち寄り湯にも鉄板ナポリタンが―「島田蓬莱の湯・お食事処えびす」 92
掛川市のナポリタンスパゲッティも名古屋ルーツの鉄板だ 94
磐田市の純喫茶「ロンダ珈琲館」の鉄板ナポリタンは本場名古屋の流れ 96
浜松市は「滝」がある街道沿いの大型喫茶店「けやき北島店」 99
奥浜名湖には船で行けるお店があった―「カフェテラスサンマリノ」 101
静岡県最西端の湖西市へ―名古屋発祥のチェーン店―「チェスティーノ湖西店」 102
境界線の旅は愛知県豊橋市へ、さすが愛知は喫茶店文化 105
ナポリタンとイタリアンの境界線は愛知県豊橋市 110

第三章　神戸はマカロニ文化？　さらなるナポリタン・イタリアン問題

「マ・マーゆでスパゲッティ」の「ナポリタン」と「イタリアン」　114
京都「イノダコーヒ」のイタリアン　118
大阪・千日前の「純喫茶アメリカン」のイタリアン　122
神戸「グリル一平」のマカロニイタリアン　125
神戸がルーツの「アンダンテ」（横浜・戸塚）のマカロニイタリアン　130
パスタメーカーが神戸に工場を置く背景　133
日本郵船の『社船調度品由来抄』　135
ドウタース・オブ・アメリカ委員『アメリカンレシピ』　137
『荒田西洋料理』はイタリアンとナポリタンの両方記載　139
ナポリタン・イタリアン問題の筆者的結論　141

第四章　ナポリタンの危機

バブル景気という見栄の世界　146
グルメブームの始まりはファミリー層のファミレスから　148
フランス料理の食べ歩きブームとその背景　149
バブル期のイタ飯ブーム、スパゲッティからパスタへ　151
早いうちからアルデンテを世に広めた伊丹十三氏　153
一般社団法人「日本パスタ協会」　158
ナポリタンはどうして危機的状況に陥ったのか　160
①グローバル化によるナポリタンのガラパゴス化　161
②外食産業のチェーン展開、個人店の衰退　163
③家庭料理（内食）として手軽にできることと中食事業の充実　165
グルメブームの功罪とさらなるガラパゴス化　167
裏切りのミートソースと〝原点回帰〟のナポリタン　171

第五章　ナポリタンの復活～ナポリタンを止めるな～

ブロガー、インフルエンサーの出現　176
全国、時には世界のナポリタンをレポートするパイオニア・イートナポ氏　177
「ネオナポリタン」提唱者「マスクドナポリタン」という謎多き男の軌跡　181
ナポリタンを横浜のソウルフードに―「日本ナポリタン学会」　186
セルフ式コーヒーショップの焙煎工場長から幻のケチャップ復刻の丸山和俊氏　192
名店のメニューを冷凍食品に「プラススパイス株式会社」二木博氏の挑戦　197
古き良き純喫茶の魅力を伝える純喫茶コレクション・難波里奈氏　202
喫茶店の家具・食器類を買取販売する「村田商會」　205
「珈琲専門店山百合」―若き喫茶店店主の挑戦　208

第六章　ナポリタンを国民食へ

全国からナポリタンのグランプリを決める「カゴメナポリタンスタジアム」　215

ナポリタンスタジアム出場で誕生した「横浜ブギ」の横浜ベジナポ　219
全国三十九店舗の日本初のナポリタン専門店「スパゲッティーのパンチョ」　222
パンチョに続け！「ラーメンの街」つくばから生まれた「Banzai naporitan」　228
横浜初のロメスパ業態「焼メシ焼スパ金太郎」　233
モータリゼーションの横浜ならではのロメスパ「横浜ナポリタンＰＵＮＣＨ」　237
沖縄・那覇の遊び心満載な新しいナポリタン「うちなーナポリタン赤翡翠」　239
朝ドラから生まれた「やんばるナポリタン」は広がりを見せるか　242
昭和産業の「太麺スパゲッティ」　247
ナポリタンは「文化的な美味さ」であり続ける　248

おわりに　251

参考文献　254

第一章

ナポリタンの歴史—横浜から広がった戦後洋食文化

洋食店「スピット」のナポリタン

スパゲッティナポリタンはどのようにして生まれ、発展してきたのか。まずはその歴史を改めて探ってみよう。

『横浜流～全てはここから始まった～』から深掘りするナポリタンの歴史

横浜市中区山下町にあるホテルニューグランドの総料理長を務めた高橋清一氏による二〇〇五年の著書『横浜流～全てはここから始まった～』（東京新聞出版局）には、こう記されている。

終戦とともに当ホテルを接収した進駐軍は、それまで日本人に馴染みのなかったトマトケチャップを持ち込んで、ゆでて塩胡椒で味つけをしたスパゲッティーに和えました。当時、トマトケチャップとスパゲッティーは軍用食だったのです。

入江茂忠は苦心の末、トマトケチャップではいかにも味気がないので、刻んだニンニクに玉葱や生トマト、トマトペーストを入れ、オリーブオイルをたっぷり使った風味豊かなトマトソースを作りました。

ハム、玉葱、ピーマン、マッシュルームを強火でよく炒め、スパゲッティーを和え、トマトソースに合わせ、すりおろしたパルメザンチーズとパセリのみじん切りをたくさんふりかけました。

中世の頃、イタリアのナポリでスパゲッティは、トマトから作られたソースをパスタにかけ、路上の屋台で売られていた貧しい人々の料理でした。当ホテルではそれをヒントに『スパゲッティーナポリタン』と呼ぶことにしました。

この高橋氏の記述は、スパゲッティナポリタン発祥の一般的な説となっているが、もう少し深掘りする必要がありそうだ。

ホテルニューグランド開業前の動き

ホテルニューグランドが開業するのは一九二七年。それ以前の横浜をはじめとした動きはどのようなものだったのだろうか。

一八五三年にペリーが黒船で浦賀に来航し、一八五九年に横浜港が開港して以来、横浜は文明開化の先端として栄えてきた。横浜市の関内と呼ばれるエリアに外国人居留地を置き、一八六〇年の「横浜ホテル」を皮切りに、「横浜グランドホテル」、「オリエンタルパレスホテル」、「クラブホテル」など、外国人向けに西洋式ホテルが続々とオープンする。そして一八六六年頃より堤春吉という人物によって子安（横浜市神奈川区）で外国人居留地向けに西洋野菜の栽培が始められる。

一八九六年には子安で栽培されたトマトを使った日本初の国産トマトケチャップ「清水屋トマトケチャップ」が製造・販売される（清水屋トマトケチャップについては第五章にて後述）。

外国人が多く出入りするようになって、日本のコックは西洋料理の技術や知識を習得することを求められた。一八七二年には仮名垣魯文による『西洋料理通』と敬学堂主人による『西洋料理指南』が出版される。

鈴木敏雄著『仏蘭西料理献立書及調理法解説』

一九二〇年には鈴本敏雄氏による『仏蘭西料理献立書及調理法解説』（奎文社出版部）という、より本格的な西洋料理書が発行された。開港から六十年以上が経過し、西洋文化も成熟していることがわかる。

鈴本氏は東京で初めての西洋料理店「築地精養軒」で料理長を務めた人物。横浜市出身の人物で前出の横浜グランドホテル、オリエンタルパレスホテル、クラブホテルなどの外国人向けホテルで修業を積んだ。

その『仏蘭西料理献立書及調理法解説』には、「Macaroni（又は）Spaghettiの『à la Napolitaine』」のレシピが記述されている。

これがおそらく現在のスパゲッティナポリタンの原型となる、フランス料理のスパゲッティ（マカロニ）・ア・ラ・ナポリテーインだ。作り方は次の通り。

〝ざつと茹でたるものを、赤茄子の原漿及び乾酪を加へ、充分にハムの風味を有したる羹汁にて煮込む〟

赤茄子（トマト）、乾酪（チーズ）、ハム。とくれば、ナポリタンにかなり近い。

ホテルニューグランドの開業、初代総料理長サリー・ワイル氏

開港以来、横浜には多くの外国人向けホテルが建設され、繁栄していくが、一九二三年九月一日の関東大震災によって壊滅的な被害を受け、それらはほぼ失われた。震災の翌日から山手公園に露天の仮市役所を開設、復興計画の策定に乗り出した。やがて「横浜市復興会」が設立、様々な復興案件の中から「外国人ホテルの件」が決議される。これがホテルニューグランド建設の端緒となった。震災の翌日から復興に動き出していたのはとても動きが速い。

国際都市・横浜の姿をいち早く取り戻そうと政財界が奔走し、一九二六年三月十一日に着工、翌一九二七年十一月二十八日に竣工落成、十二月一日より**ホテルニューグランド**が開業した。

常務取締役には土井慶吉氏という、東洋汽船のサンフランシスコ支店長を務めていた人物。土井氏の第一の仕事は欧米の代表的なホテルを視察して近代的な経営方式をホテルニューグランドに注入することで、アメリカはニューヨーク、ヨーロッパはフランス、イギリス、イタリアの主要都市を巡った。そしてパリで四つ星級ホテルのマネージャーをしていたアルフォンゾ・デュナン氏と出会い、彼をホテルニューグランドの支配人として採用する。

そしてコック長にはデュナン氏の下で料理主任をしていた同じスイス人のサリー・ワイル氏が採用される。デュナン氏の推薦によるものだった。

そしてワイル氏は、ホテルニューグランド初代総料理長となり、それまで日本の西洋料理界にはなかった新しい発想を取り入れ、その後の日本における西洋料理文化に多大な影響をもたらすこととなる。

アラカルトメニューと戦後ナポリタンの発祥

白土秀次著『ホテル・ニューグランド50年史』（ホテルニューグランド）には、ホテルニューグランド開業当時のホテル料理、西洋料理の形式について書かれている。

当時、ホテルの食堂といえば外国式に服装や席のとり方も大仰で、しち面倒くさかった。料理はホテルが決めた定食（コース料理）だけで、仮にその中の一品しか食べなくてもコース全部の料金をとられた。食事中は禁煙で、料理が終わるとスモーキング・ルームに席を移し、そこへコーヒーを運ばせ、タバコを吸う。

ホテルニューグランドの総料理長となったワイル氏は、スイスのリゾートホテルなどでそうした堅苦しさを緩めたホテルが出現していることを知っていたので、客がよりカジュアルに食事を楽しめるよう改革した。店内にピアノを入れ楽団に演奏させたり、ドレスコードについてはコートを着たまま席についても良しとし、酒だけを飲んでも構わないとした。ワイル氏自身も客席に顔を出し、食事中の客と積極的にコミュニケーションを取るなど、愛想良く対応したという。

そしてコース料理の他に一品料理（アラカルト）を数多く並べ、好き勝手に注文できるようにした。このアラカルトを取り入れたことが、ワイル氏とホテルニューグランド、日本の西洋料理界、いや日本の外食業界全体に大きな影響をもたらしたのだ。

それまでスパゲッティ料理はフランス料理界ではガロニ（付け合わせ）としての位置付けで、数々の西洋料理書を眺めていると、トマトソース系などは野菜料理の一品として扱われていたことがわかる。

ホテルニューグランドでは一九三四年一月二十七日のメニュー表が現存し、「野菜類」のカテゴリーに「Spaghetti Napolitaine（スパゲチ　ナポリテーイン）」と記載がある。一九二〇年の鈴本敏雄氏の『仏蘭西料理献立書及調理法解説』に

ホテルニューグランドのナポリタン

サリー・ワイル氏と弟子たち（1956年）

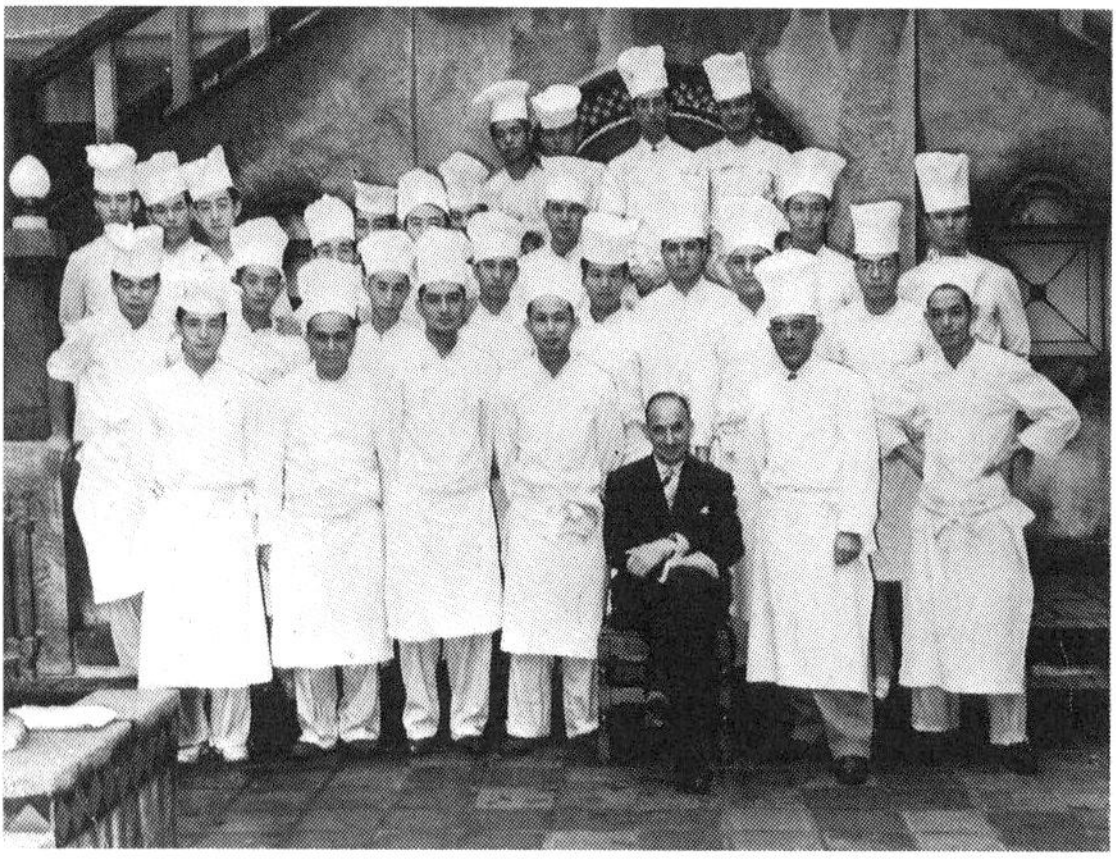

掲載されていた「Macaroni（又は）Spaghetti の『à la Napolitaine』」とほぼ同じものになるだろう。

もちろん一品料理としてホテルニューグランドのオリジナルのテイストになっていたのだろうが、西洋料理界ではナポリテーインは古くから存在していたものである。

それが戦後のスパゲッティナポリタンに繋がっていく。

ワイル氏は戦局が怪しくなっていくと、外国人ということで表立って働くことができなくなってしまった。そして戦後、ホテルニューグランドは進駐軍に接収され、連合国軍総司令部（GHQ）の総司令官であるダグラス・マッカーサーをはじめとした将校の宿舎として占領される。

終戦直後にマッカーサーへ出されたディナーはスケソウダラの干物を牛乳で戻してムニエルにしたもの、生キュウリの棒切りに酢をかけただけのピクルスもどきだったという。それは口に合うものではなかったそうだが、同時に日本は食糧難であるという窮状を理解し、大量の物資が横浜に届けられるようになった。その中にスパゲッティやトマトケチャップなどが含まれていたことから、トマトケチャップのナポリタン文化の萌芽となったのではないか。

その頃東京ニューグランドに所属していた入江茂忠氏を二代目総料理長として呼び寄せる。当時のホテルニューグランドのメニューはハンバーガーなどアメリカ色が強かったようで、入江氏はホテルニューグランドのかつての姿を取り戻そうと奔走したようだ。その中で生み出したメニューの一つに、スパゲッティナポリタンがあったのだ。

一九三四年の古川ロッパ氏の記述について

『古川ロッパ昭和日記　戦前篇』（晶文社）に、昭和九（一九三四）年十二月二十二日に三越の特別食堂でナポリタンを食べた、という記述がある。

十二月二十二日（土曜）

十時起き、風邪具合よろしからず。母上と三越本店へ行き、ソフトと靴、鯛めしの折詰めなど買って、食事して、座へ出る。鏑木が休み、大西が又無断欠勤、会田も来ず、何とはや呆れはてたる者共である。ひるの部終って、マリダンで遊び、折詰を食ひ、事務所へ行って、配役。川口に、値上のことを何うしてもたのむと言っとく。暮に金を借りること、それも言っとく。正月は大久保彦左をやれと川口は言ふ。「新婚」の方が行きたいのだが、本極りは明日といふことに。夜の部終って雷門の明治製菓で笑の王国の忘年会、川口が百人を招いて一席訓辞、十一時半散会。

三越の特別食堂てので、スパゲッティを食ってみた。淡々たる味で、(ナポリタン)うまい。少し水気が切れない感じ。ポークロース、普通。五十銭宛だが、値にしてはうまい。

「少し水気が切れない感じ」という表現からして、ここはナポリタンではなくナポリテーインというフランス料理のスパゲッティを食しているようだ。

このロッパ氏の記述こそがナポリタンの最古の記録という人もいるが、この日記よりも一年近く前となる一九三四年一月のホテルニューグランドのアラカルトメニューには「スパゲチ　ナポリテーイン」が記載されている。また、レストランアラスカの社長だった望月豊氏の著書『栴檀木橋　しがない洋食屋でございます。』（朝日新聞社）には、一九三一年のアラカルトメニューの写真が掲載されている。

一九二七年にホテルニューグランドのサリー・ワイル氏がアラカルトメニューを取り入れてから、その数年後には全国的にアラカルトが広まっており、ロッパ氏も単品でスパゲッティを食べていたようだが、「ポークロース」と文中にあるのを見ると、スパゲッティはガロニ（付け合わせ）だったのかも知れない。

三越関連では一九三〇年に日本橋三越百貨店大食堂で、「御子様洋食」にスパゲッティが添えられている記事をネット等で見かけるが、こちらもあくまで付け合わせ。ガロニとしてのスパゲッティの歴史は前述の一九二〇年の『仏蘭西料理献立書及調理法解説』にあるので、もっと古い。

それにしてもロッパ氏の食への好奇心やそれを記録する行動力は凄い。今の時代に生きていたら、間違いなくブロガー、インフルエンサーとしても活躍しているに違いない。

錚々たる面々のワイル氏の弟子たち

サリー・ワイル氏の功績についてもう少し話を続けていこう。ワイル氏はホテル料理のスタイルを劇的に変えただけでなく、コックへの教育についても大きな変革を成し遂げた。

それまでの日本の西洋料理界の教育は、「見て覚える、盗む」というスタイルであり、先輩が使い終えたフライパンに残ったソースを周囲の目を盗んで味見するようなものであったが、ワイル氏は一人一人に自分の技術を惜しみなく教えたのだ。

その結果、多くの名シェフを輩出することになる。

小野正吉氏は一九三六年にホテルニューグランドへ入社する。東京ニューグランドはホテルニューグランドが経営するレストランで、ワイル氏がシェフだった。

〝十九から二十五まで、一番すばしっこくかけ回って、毎日、これ競争という風に数をこなして仕事をしていたのがこの時代ですね。〟

と、『辻嘉一・小野正吉　食の味、人生の味』（柴田書店）で回想している。

小野氏は戦後ホテルニューグランドの先輩である入江茂忠氏が総料理長となったことでしばらくはこの時代が続くだろうと、自身の新たな場所を探し、ブリヂストンアラスカ料理長などを経てホテルオークラの総料理長となる。また日本エスコフィエ協会の創設に尽力し、フランス料理の礎を築いた。

また横浜では小野氏の下で修業をした水野秀雄氏が一九五〇年に「レストランすいれん」を開業、小澤健之助氏が戦後すぐに「レストランタマガワ」を開業するなど、「ホテルニューグランド系」の洋食店があり、どちらのナポリタンも素晴らしかったが、すいれんは二〇二〇年に、タマガワは二〇一七年で閉店してしまった。

馬場久氏はある日、毎日新聞を眺めていた時にホテルニューグランドにスイス人シェフのサリー・ワイル氏が総料理長に就任したという記事を見てチャンスを感じ、ホテルニューグランドへ入社。のちに日活国際ホテルの総料理長となる。

その他、東京プリンスホテル総料理長の木沢武男氏、レストランアラスカの料理長となる飯田進三郎氏、大阪東洋ホテルの木村健蔵氏、神田の洋菓子店「エスワイル」の大谷長吉氏など、ワイル氏は多くの弟子を名シェフとして育てたのだ。

ワイル氏の薫陶を受けた町場の洋食屋「センターグリル」

横浜市中区花咲町。通称「野毛」エリアには、「**センターグリル**」という洋食店がある。トマトケチャップナポリタン発祥の店と言われている。

雑誌『飲食店経営』一九八三年十一月号（アールアイシー）に創業者である石橋豊吉氏のインタビューが掲載されているので、一部抜粋しながらセンターグリルの歴史に触れる。

石橋氏は、東京・北千住で生まれ、十三歳で丁稚奉公に出される。東京は京橋畳町にあった進洋軒という洋食屋に見習いとして入社。そこで数年間の修業をするが、誰一人丁寧に料理を教えてくれるものはおらず、先輩たちの作る姿を盗み見して、カレーライスやカツ、コロッケ、グラタンなどは作れるようになった。

次第にもっと本格的な西洋料理を覚えたいと思うようになり、先輩のコックから知人を通じて横浜のホテルニューグランドの隣にあったセンターホテルへ紹介状を書いてもらい、一九二九年にセンターホテルに入社する。

主に外国人客が中心であったセンターホテルの経営者は大橋芳沢氏という人物で、料理長は久野岩吉氏という人物であった。横浜に存在したグランドホテルでコックとして働いていた経験があり、後述する荒田勇作氏などを後輩に持つ。久野氏は厳しくたしなめることはあっても、手を出すことのない優しい性格だったそうで、石橋氏は一度も殴られることはなかったそうだ。

一九三八年の初夏、大橋氏はセンターホテルをサリー・ワイル氏に売却。ワイル氏はホテルニューグランドで初代総料理長を務める傍らで、センターホテルの厨房に入り、自ら料理を作っていたという。石橋氏にとって、既に日本の西洋料理界で名声を轟かせていたワイル氏の下で働くことは大きな財産となった。

センターホテルでよく売れた料理に「チキンピカタ」がある。塩・コショウをした鶏肉によく溶いた卵をまぶしてバターでよく焼いたものである。惜しげもなくバターを使うのがワイル氏のやり方だったそうだ。このメニューはセンターグリルで現在も引き継がれている。

戦局の悪化で外国人であるワイル氏がセンターホテルの経営をできなくなってしまい、石橋氏も転機を迎え、ワイル氏と久野氏に紹介状を書いてもらって一九三九年に帝国ホテルへ入社する。そして帝国ホテルでさらに腕を磨いたが、戦争が激しくなる一九四四年には軍需工場に駆り出されてしまった。

戦後となり石橋氏はヤミ市で賑わっていた横浜の野毛エリアに五坪の土地を借りて代用食を売っていたという。塩蔵にしんを水で戻し、トマトを刻んだものを和えたり、進駐軍の残飯をシチューにして出したりと、食べられるものなら何でも作って出し、食糧難にあえいでいた人々に売っていたという。片山哲内閣になって飲食店が統制解除となったのを機に、同じ地でかつて修業したセンターホテルから名前を取った洋食店「センターグリル」を開業する。それが一九四六年十二月のことである。

以来、庶民的な町場の洋食屋として、現在もなお愛され続けている。ホテルニューグランドのスパゲッティナポリタンがメニュー化された正式年ははっきりとしないそうだが、接収解除後の一九五二年以降ということになる。一九四六年からナポリタンがあるというセンターグリルは、トマトケチャップナポリタン発祥ということになる。

ただし、当初は「ナポリタン」ではなかったようだ。一九六〇年代頃のメニュー表を見ると、スパゲッティのメニューは「スパゲットイタリアン」のみとなっているのだ。その後「スパゲットミートボール」が追加（恐らく一九六〇年代後半）されているが、ナポリタンは出てこない。二代目店主で現会長の石橋秀樹氏が入社した一九七〇年代にはナポリタンはメニューにあったそうだ。

現在も「スパゲッティーナポリタン」「スパゲッティーイタリアン」「スパゲッ

ティーミートボール」がメニューに並ぶ。イタリアンはスパゲッティを素のままトマトケチャップで和えて炒めたものにミートソースがかけられている。ミートボールもイタリアンと同様のスパゲッティにミートボールが盛り付けられている。

現在のスパゲッティーイタリアンと当時のスパゲットイタリアンが同じなのかは残念ながらわからないが、スパゲットイタリアンはトマトケチャップで炒めていたことは推測できる。センターグリルは前述の通り戦後のヤミ市から立ち上がっているが、周辺は米軍に接収されていて、少し歩けば飛行場などがあったほどのエリアでは、創業当時の戦後食糧難でもスパゲッティとトマトケチャップは入手しやすい環境だったのだろう。また、センターグリル自体が「米国風洋食」と謳っていることからも、アメリカ食の象徴であるトマトケチャップを当時から使用したメニューが多くあったのではないだろうか。

センターグリルのナポリタンは日本製麻のボルカノスパゲッチ二・二ミリの太麺を鉄のフライパンで豪快に炒める。盛り付けはステンレス皿。創業当時から割れることがないというのが自慢だ。

「ステンレスは陶器の十倍くらいの値段がするんだけど、先代（豊吉氏）が『これはどんなことをしても割れないんだ！』と目の前で叩きつけて見せたことがあったのです。確かにびくともしなかった。創業当時からある皿には『センターグリール』って刻印してあるから、是非食べる時にどの時代の器が出てくるか、確認してみてください」（秀樹氏）

料理長の岡戸康之氏は大柄で、重い鉄のフライパンを握ればさまになる。岡戸氏はホテルニューグランドの現総料理長である関口真司氏とは幼馴染みの同級生だというから、ホテルニューグランドとセンターグリルはやはりどこかで縁が続いているのである。

ナポリタンも人気メニューであるが、特製オムライスなども人気で、年間約一・六トン以上のカゴメ特級トマトケチャップが消費されているという。現在は秀樹氏の長男である石橋正樹氏が代表取締役社長となって、全国の百貨店の催事出店なども盛んに行い、知名度は全国区となりつつある。

名店を渡り歩いた荒田勇作氏

サリー・ワイル氏よりも年は上であり、料理人の経験も数年先輩となるが、ワイル氏の下で働き、晩年まで強い研究心を持ち続け、西洋料理の発展に注力した人物が荒田勇作氏だ。

一八九五年に横浜市で生まれた荒田氏は、一九〇九年に十三歳で横浜のパリス・ホテル（後にベルモント・ホテルと改称）を皮切りに、横浜のグランドホテル、フランスホテル、オリエンタルパレスホテル、神戸オリエンタルホテル、鎌倉海岸ホテルの料理長を経て、一九二八年にホテルニューグランドの料理長となり、総料理長ワイル氏の下で働いた。

『若い調理師のために　料理長は語る』（柴田書店）によれば、荒田氏はワイル氏の下で働いた時期をこう振り返っている。

〝それまで洋食といえば、定食だけだったものを、味本位に考えられたアラカルト料理を学んだ。このアラカルト料理の誕生によりグリルルームもでき、料理界も幅広くなってきた。〟

この「定食」とは、今で言うワンプレートの料理にご飯とみそ汁が付いて、ということではなく、フルコースの食事を指す。これは単品でスパゲッティナポリタンを食べられる時代ではなかったことを証言し、それができるようになったのがホテルニューグランドのアラカルト以降の話であることを示唆している。

一九三八年に東京・銀座の不二家レストラン部料理長となり、終戦後は銀座のレストランアラスカで料理長、レストラン山和で副社長、一九六〇年にはやはり霞が関のレストランキャッスルで顧問兼料理長となる。

数多くの名店を渡り歩き、ベテランとなっても現場で働き続けた集大成として、一九六四年から『荒田西洋料理』（柴田書店）という西洋料理書を計八巻にわたり上梓している。

荒田勇作氏のキャッスル時代の弟子が存命、思い出を語る

神奈川県大和市にかつて「**スピット**」という洋食店があった。まだ周辺に洋食屋が存在しなかった一九七二年に創業、以来半世紀近く地元の人々に愛されてきたが、二〇二〇年に惜しまれながら閉店した。

スピットの店主だった金子辰夫氏は一九五五年に十五歳で国鉄の寝台列車食堂のコックから料理の世界に入る。その後「鉄道は四六時中揺れているから身体に負担がかかる（当時の鉄道事情による）」と、知人を介して新橋の西洋料理店に転職、その後も都内のいくつかのレストランで腕を磨き、霞が関にあったレストランキャッスルへ入社。そこで料理長を務めていた荒田勇作氏と出会う。

「大正時代から西洋料理界で活躍されていた方ですので、出会った当時はかなりお年を召していた印象でした。小言は言うけれど、決して怒鳴ったり手を出したりということはありませんでした。荒田のオヤジがもっと若かったらわかりませんけども」

センターグリルの項で述べたように、荒田氏の横浜・グランドホテル時代の先輩である久野岩吉氏もまた、厳しいことは言うが決して手を出さない優しい人物だったから、その流れを受け継いでいたのだろう。

スピットで提供されていたスパゲッティナポリタンは、車エビがゴロゴロと入った豪華なものだったという。ソースはトマトを刻んでトマトピューレでのばして玉ねぎのコンカッセ（細かく刻んだもの）と炒め、トマトケチャップを混ぜて甘く煮詰め、デミグラスソースを隠し味にしたもの。話を聞いただけでそそる。炒め油はラードで、これもまたコク深い味わいを醸し出す。

「これはキャッスルで出されていたものを踏襲していました。荒田のオヤジは原価計算に長けていた人物で、あらゆるレストランで料理長をしていく中で、それぞれのレストランの事情に合わせた料理を作っていました。原価を抑えても、それをお客さんには見せないやり方は見事でしたので、そういった部分から業界に重宝されたのでしょう。キャッスルのナポリタンは、エビ抜きでピーマンが入ると『メキシカン』なんて呼ばれていましたね。当時はピーマンは物珍しかったので、そう連想されたのでしょう」

先述の『荒田西洋料理』では、一九六五年に刊行された第四巻にあたる「スープ・ソース編」で、スープの部分の編集に金子氏が携わった。

「荒田のオヤジに言われてやっただけですけどね」

そう語る金子氏は間違いなく日本の西洋料理界の発展に貢献した一人だ。

横浜洋食のもう一つの柱・客船洋食

横浜の洋食文化として、ここまではホテルニューグランドがもたらしたものを述べてきたが、客船洋食というのも横浜で貴重な文化を残してきた。

日本三大海運会社の一つである日本郵船は一八八五年に郵便汽船三菱会社が、国内の競争相手であった共同運輸会社と合併し誕生している。

ホテルニューグランド開業前の日本の西洋料理界は「帝国（帝国ホテル）式」か「郵船（日本郵船）式」かと言われるほど、この二つが人気を得ていたという。

船の厨房は火災防止の観点からガスは使用せず、一九二〇年代には電気ヒーターでの調理をしていたという。ＩＨのような電気調理は二十一世紀に入ってからだと思い込んでいただけに、驚きだ。昭和初期の日本郵船の人気メニューであるすき焼きは、卓上に電気コンロを設置して各テーブルで鍋をつくることができる。

船はホテルとは違い、長期間各国を移動するので、限られた食材でメニューを作らなければならない。母港で食材を積んでも足りなくなったり保存に限界が生じたりするため、各国で調達する必要がある。そのような環境で一流のサービスを提供するためにコックを含めた船員への教育は不可欠で、一九一六年に「事務部属員養成所」という船員研修施設を横浜支店（現在の横浜郵船ビル）に創設し、教育を強化している。

客船での食事は全てコースメニューである。ただ現在でいう「プレフィックス」という、コース料理の中から好きなものを選ぶことができるスタイルが主流だったという。また古典的なフランス料理のコースでありながら、エキストラで日本料理を楽しむこともでき、ハリウッドスターのチャールズ・チャップリンが氷川丸などで天ぷらを好んで食べたという話は有名だ。

日本郵船とスパゲッティナポリタンに繋がる話については第四章で後述する。

客船洋食から生まれた「レストランかをり」

日本郵船の客船洋食で修業し、船を降りて港町で独立するケースも多い。

横浜では「横浜かをり」がその代表格だ。

横浜市中区山下町七〇番地にあるかをりの本店は、蔦が絡む建物で味わいがある。この地は「日本初のホテル開業の地」「日本のバー発祥の地」とされている。開港間もない一八六〇年に、オランダ人のフフナーゲル氏が「ヨコハマホテル」という西洋式ホテルを創設し、そこにわが国初のバーがあったという。かをり商事株式会社がこの地にビルを建設したのは一九七〇年のことである。

千葉県の小糸村（現在の君津市）で生まれた板倉作次郎氏は木更津へ丁稚奉公している時に「これから世界を見るにはどうしたら良いか」と考え、船乗りが良いと感じて独学で英語を勉強し日本郵船に入社した。その後、龍田丸の司厨長にまで昇りつめ、戦後の一九四七年に娘の板倉タケ氏が横浜市中区伊勢佐木町五丁目に三十坪ほどの「**レストランかをり**」を創業する際に、日本郵船から何人かのコックを呼び寄せた。一九五六年には伊勢佐木町二丁目へ移転、五十坪のビルに拡張する。

レストランかをりは、二〇〇三年頃から休業が続いているので、今はレストランよりも洋菓子の方で有名だ。多くの横浜市民は「かをり＝レーズンサンド」と認識している。

洋菓子の事業は、一九七〇年代中盤に作次郎氏の孫・板倉敬子氏により始められた。

「百貨店で売れるような上品なお菓子を作りたいと思って、小川軒さんのようなレーズンサンドを目指して作ったのです。そうしたら百貨店さんから取り扱いたいとお声がけいただいたのです」（板倉氏）

今や横浜市内の百貨店などではかをりのお菓子をよく見かけるほどだ。

レストランかをり

本居宣長の「敷島の 大和心を人問はば 朝日に匂ふ 山桜花」という句があるが、この「匂ふ」が「かをり」の由来だそうだ。

「フランス料理は『匂い』を大事にするので『かをり』としたのです。そして私の代からは『山桜花』にも注目して、『桜ゼリー』を開発したのです」(板倉氏)

桜ゼリーはアメリカのクリントン大統領(当時)へのお土産として提供され、妻のヒラリー氏共々大変喜んだという。

かつては横浜スタジアムのレフトスタンドの向こうにあった旧横浜市役所内に「横浜市役所第三食堂」があり、スパゲッティナポリタンがとても美味しかった。役所の食堂のナポリタンなんて大概やるせない味なものだが、この第三食堂はかをり商事が運営し、客船洋食の流れを汲むナポリタンが味わえる悦びを感じていたが、横浜市役所の桜木町方面への移転を機に、かをりの食堂運営も終わってしまった。

また、横浜市中区曙町の「パブレストランアポロ」は、コックがレストランかをり出身で、スパゲッティナポリタンが絶妙な味わいだ。ここでは今でも味わえるが、店主もコックもかなりの高齢なので、やや心配だ。

独特なナポリタン、そしてミラノ？

ホテル洋食、客船洋食の影響が大きい横浜には、もう一つの流れを汲む洋食が存在する。

横浜市中区福富町という歓楽街に、一九七二年創業の「**イタリア料理イタリーノ**」という店がある。イタリア料理と言っても、「イタ飯ブーム」（これは後ほど述べる）以前の日本式洋食のレストランだ。この店のスパゲッティナポリタンは独特で、特徴的なのはアサリとエビがゴロゴロ入っている点だ。創業者の菊池尚志氏によれば、当初はアサリではなくカキやハマグリを入れていた贅沢なものだったという。

「当時はカキやハマグリは安かったのでね。だんだんと高騰し、アサリに落ち着いていています」

ソースはもちろんオリジナルだ。デルモンテのトマトケチャップにカゴメのトマトペースト。さらに「ボロニアソース」と呼ばれる牛スジなどを煮込んだものが加わった、かなり手の込んだものとなっている。

イタリーノのルーツは、戦前から横浜市中区長者町に存在した「**イタリアンキッチン**」というレストランだ。山形県寒河江市出身の菊池氏は、十七歳で横浜に来てイタリアンキッチンで修業。その後東京の飲食店に勤めていたが、イタリアンキッチン店主の訃報を受け、そのスピリットを受け継ぐ形でイタリーノを開業した。このナポリタン、そしてボロニアソースはイタリアンキッチンから引き継いだ形で、同じくイタリアンキッチンから独立した横浜市港北区菊名にある「サンロード」のナポリタンも同じ形で提供されている。

イタリーノでもう一点述べたいことがある。スパゲッティメニューがいくつかある中で、スパゲッティ・ミラネーズというものがある。実はこれが一般的に供されるスパゲッティナポリタンそのものなのだ。

イタリーノのナポリタンはエビ、アサリの海鮮系だが、ミラネーズは海鮮系は入らず、ベーコンとなる。ナポリは海に面している。対してミラノには海がない。そのあたりが命名のヒントなのだろう。

ペッレグリーノ・アルトゥージ著『イタリア料理大全』

スパゲッティナポリタンはその名からして、誰もがイタリア料理がルーツだと思っていただろうが、ここまで述べたようにフランス料理がルーツである。

そしてイタリアにはスパゲッティナポリタンは存在しない、というのが定説だ。ましてやトマトケチャップで和えたスパゲッティ料理などは間違いなくないのだが、ルーツとなるものは存在する。

ペッレグリーノ・アルトゥージ著『イタリア料理大全 厨房の学とよい食の術』(日本語版は平凡社)である。一八九一年にイタリアで出版され、多くのイタリア人はこれを家庭料理のバイブルとした。

ここには「ナポリ風マカロニI」と「ナポリ風マカロニII」の二種類が掲載されている。作り方はこうだ。

ナポリ風マカローI　牛のシンタマを用意し、プロシュットの薄切り、ズィビッボ種の干ブドウ、松の実、バットゥート（ラルドーネ、ニンニク、イタリアンパセリ、塩、胡椒）を詰める。ばらばらにならないようにこれを紐で縛り、ラルドーネとタマネギのバットゥートといっしょに火をかける。頻繁に裏返し、時々、刺針で穴を開ける。肉に焼色がつき、バットゥートが吸われたら、皮むきのトマトのザク切りを三、四個加える。トマトがしっかりくずれたら、裏ごししたトマト・ピュレを少しずつ加えていく。この汁が少し煮詰まるのを待って、肉が隠れる程度の水を加える。塩、胡椒をして弱火で煮る。ナポリ人のするように、この汁とピリッとした強いチーズで、マカロニを加える。

ナポリ風マカロニ＝　鍋にバター三〇gとオリーブオイル大さじ二杯をひき、タマネギを分厚く輪切りにしたもの二枚を炒める。タマネギに焼色が付き、崩れてきたら、木杓子でしっかり押しつぶして水分を出し、タマネギは取り除く。このバターと油が煮立っているところへ、トマト五〇〇gとバジリコをざっと刻んだものを一にぎり入れ、塩、胡椒をする。トマトの下準備として、皮をむき小さく切って、できるだけ種を取り除いておくが、種が残っていてもさして問題にならない。この汁を煮詰めたものと、バター五〇gとすりおろしたパルミジャーノとを合わせて、マカロニを和え、食卓に運ぶ。

この「ナポリ風マカロニⅠ」の作り方、牛肉を使用する点で前項の「イタリーノ」にどことなくレシピが似ている。イタリーノのルーツであるイタリアンキッチンでは、何らかの形でこの『イタリア料理大全』に出合った可能性はあるのかも知れない。

またこの本は、アメリカへ渡ったイタリア人移民向けに一九一〇年にアメリカへ百部が送付され、一九四〇年にはアメリカ合衆国において最初の翻訳が出版されている。この「ナポリ風マカロニⅠ」と「ナポリ風マカロニⅡ」をベースに、アメリカだからいつの間にかトマトケチャップにアレンジされて戦後占領時に日本へ渡り、横浜ではスパゲッティナポリテーインと融合された、という推測も十分あり得るだろう。

戦後の食糧難から小麦食推進、パスタ元年

日本でスパゲッティの量産製造を始めたのは一九二八年の高橋マカロニである。これは現在の日本製麻株式会社ボルカノ食品事業部であるが、大手資本が続々とスパゲッティの量産製造を開始したのは一九五五年以降となる。

日清製粉ウェルナのマ・マーブランド、ニップンのオーマイブランドの二社が一九五五年に量産製造を開始しており、この年が「パスタ元年」と位置付けられている。追って昭和産業も一九五九年にスパゲッティの量産製造を開始している。

これにはアメリカによる小麦食推進という背景がある。戦後日本は長らく食糧難にあえいでいたからだ。

この「パスタ元年」を機に、スパゲッティナポリタンは喫茶店などのメニューとして全国的なものとなってゆくのだ。

第二章

ナポリタンとイタリアンの境界線

クローバーのイタリアンスパゲッティ

スパゲッティナポリタンは横浜から広まったものだが、西の方では若干異なる発展をしている。名古屋市のナポリタンは俗に「イタリアンスパゲッティ」と呼ばれているのだ。

熱々のステーキ鉄板にスパゲッティナポリタンが乗る。盛り付けたナポリタンの周囲に溶いた卵が敷かれている。このスタイルはまたの名を「イタスパ（鉄板の『板＝イタ』が由来）」とも呼ばれ、名古屋発祥であることから「なごやめし」の一つに数えられているが、ナポリタンと卵という全国的に知られているもの同士の組み合わせであることから、近年はローカルフードの枠を超え、各地でも食べられるようになりつつある。

元祖鉄板「イタリアンスパゲッティ」の「喫茶ユキ」

名古屋市東区の車道商店街。かつては餅は餅屋よろしく、肉は精肉店、魚は鮮魚店など、専門店が多く建ち並ぶ商店街であった。二〇一八年に区画整理によってそれらの商店群は移転などを余儀なくされる。

一九五七年創業の「**喫茶ユキ**」も、区画整理の対象となったが、移転して現役稼働中である。

この喫茶店を創業したのは丹羽《にわ》清氏。紳士服などを仕立てる事業をしていたが、喫茶店経営に目をつけて開業。店名の「ユキ」は、一九五四年に生まれた、のちに二代目店主となる長男・久幸《ひさゆき》氏の名前から取った。

「『ユキ』だから女性の名前から取ったのかとよく聞かれるのですが、私の名前から取ったんですよ」

久幸氏は郵便局勤めのサラリーマンで、定年後に喫茶ユキを引き継いだ。それまでは二〇〇七年に清氏が亡くなった後も、清氏の妻・静枝氏（二〇二二年逝去）と久幸氏の妻・洋子《ひろこ》氏の家族ぐるみで喫茶ユキを守ってきた。それだけに区画整理で店舗を壊すことになった時はこみ上げる思いがあったという。

何と言っても鉄板ナポリタン「イタリアンスパゲッティ」の発祥の地である。

喫茶ユキのイタリアンスパゲッティは卵の黄色、ウインナーの赤、グリンピースの緑。この三色のコントラストが特徴的で美しい。そして豚肉ともやしも具材に加わっているのが先代の清氏からのスタイルで、ナポリタンのケチャップソースとうまくマッチしている。

「強い火力でケチャップに甘味を出すのがポイントです。豚肉ともやしは焼きそばにヒントを得ている部分もあると思うのですが、ご飯のおかずとしての要素もあるんですよ」

と話すのは調理を担当する洋子氏。そう、白いご飯と味噌汁が付いた定食セットも清氏から続くもので、イタリアンスパゲッティをおかずにご飯が進むのだ。

半熟卵とナポリタンをフォークで絡めて頬張ると、美味いのは言うまでもないが、とにかく熱い！　鉄板は食べ終わるまでほぼ熱々が続いている。

「名古屋の人は昔から『チンチコチン』と『キンキラキン』が好きだでね、このイタリアンが長年愛されてきたのはそういう地域性もあるのだと思いますよ」

久幸氏の言う「チンチコチン」とは、「熱々なもの」を意味するそうで、「なごやめし」の代表格である「味噌煮込みうどん」もやはり「チンチコチン」な料理

喫茶ユキのイタリアンスパゲッティ

だ。「キンキラキン」はその名の通りで、名古屋城の金のシャチホコなどがその例である。

筆者は「元祖・鉄板イタリアンスパゲッティ」に欲張ってハンバーグトッピングで注文した。このハンバーグも昔から手作りで愛されているもので、家庭的で丹羽家の温もりを感じる素晴らしいものだった。

日本の技術が結集した「喫茶ユキ」イタスパ誕生のストーリー

喫茶ユキのイタリアンスパゲッティがメニュー化されたのは創業した一九五七年の約三年後の一九六〇年頃。第一章のナポリタンの歴史でも述べたように、日本の大手製粉会社が軒並みスパゲッティの量産製造を開始し国産化が急速に進んでいた時期で、丹羽清氏もスパゲッティ料理をメニューに取り入れようと思案し、その調査も兼ねて、欧州へ旅行をする。イタリアのいくつかのレストランでスパゲッティ料理を口にし、どれも美味しいと思ったが、提供されるのは陶器の皿。

熱々のスパゲッティは食べているうちに冷めていくのが気になった。

「喫茶店はおしゃべりしながら料理なり飲み物なりを楽しむ場。すぐに冷めてしまってはあかん」

しかしその夜、ローマで食べた鉄板の器に盛り付けられたステーキを見て、これだ！　と閃く。

今でこそファミリーレストランなどでも見る光景ではあるが、ステーキがジュージューと音を立てながら熱々の鉄板皿の上で提供されるのを目の当たりにした清氏は、これをスパゲッティ料理に置き換えたら、おしゃべりしながらでもスパゲッティは長い時間熱々のままで楽しめるのではないかと考えた。

帰国後、清氏は喫茶ユキの創業以来取引のある「**青木商会**」の青木鍾七《しょうしち》氏に連絡し、ステーキ用の鉄板皿を取り寄せる。ケチャップスパゲッティ、今で言うスパゲッティナポリタンを作って、熱々の鉄板に盛り付け、周りに溶き卵を敷くことを考えた。

底がない平皿の鉄板皿では、溶いた卵は皿から溢れ出てしまう。清氏は卵が皿の中でしっかり納まる底のある鉄板皿が欲しいと訴える。底が深過ぎても卵が見た目にもペタッとなってしまう。スパゲッティと卵をフォークで楽しく絡められる絶妙な深さであることや、卵が流し込みやすい形状にすることを求めた。青木氏は清氏の熱意に応え、試行錯誤を重ねたのちにオーバル型の縦二十五㎝、奥行十五㎝、深さ二・四㎝（外寸）の鉄板イタリアンスパゲッティ専用皿「カトレヤステーキ皿小判25」を作り上げた。

こうして生まれたイタリアンスパゲッティを清氏は当時名古屋東支部長を務めていた愛知県喫茶環境衛生同業組合で加盟店舗に惜しみなく推奨し、情報共有を深めた。結果、愛知県全土で鉄板イタリアンスパゲッティを出す喫茶店が増えることとなり、「名古屋はイタスパ」と定着していくこととなる。

青木商会は業務用食器の卸売りをメインに一九四六年に名古屋市で創業。一九五九年に株式会社化し、銀食器、硝子器、陶磁器、洋食器、金属器、漆器、メラミン食器厨房器具など取扱品の幅を拡大する。この時期がちょうどイタリアンスパゲッティ用の鉄板皿を開発した頃と重なる。

「先代となる父はウォータグラスの水切りのための『ウォーターコランダー』なども考案したりと、飲食店が営業しやすくなるためのことをよく考えていた人でした。戦後間もない敗戦ムードの中、人々が外食などまともにできない時にこの会社を設立し、『少しでも世の中の人たちに楽しく食事をしてもらいたいと言う思いを胸にただ前へ進み続けた』とはよく聞かされたものです。喫茶ユキさんとの開発ストーリーなどは父のそんな思いの象徴ですね」

そう語るのは二代目の代表取締役社長、青木伸夫氏。

戦後からある会社として高度成長期、外食が増えていくさまや、喫茶店ブームの時期も目の当たりにしてきた。

「一九七〇、八〇年代は喫茶店も今よりいっぱいあって、我々も食器類は毎日納品するほど忙しかったですね。今は『純喫茶』というスタイルの喫茶店の新規オープンはほとんどありませんが、代わってカフェスタイルのオープンが多いです。時代の流れですね」

まもなく創業八十年となる現在の青木商会の取引先はホテルなどがメインだが、

飲食店の開業を目指している人へ親身になって相談に乗り、「少しでも世の中の人たちに楽しく食事をしてもらいたい」という鍾七氏から続く思いは伸夫氏にも引き継がれている。

名古屋発祥の「イタリアンスパゲッティ」は日本の技術も結集して誕生したものであった。

ナポリタンとイタリアンの境界線を探る旅

かつて二大長寿番組で、次のような検証をした。

朝日放送の『探偵！ナイトスクープ』では、「アホ・バカ分布図」として、アホとバカの境界線を検証した。そしてテレビ朝日『タモリ倶楽部』では、東海道新幹線の各駅の駅そばで、関東風のつゆと関西風のつゆがどの駅で変わるのかを検証した。これらが遺したものは、一見どうでも良いことなのかも知れないが、どうでも良いことに真摯に取り組める余裕がなければ世の中は面白くないだろう。

こういった境界線を探るという作業はとても地道で、その過程において土地土地の風土や文化を垣間見ることができる。何よりも雑学や豆知識として人々の酒の肴になるだろう。

そこで、「ナポリタン」と「イタリアン」だ。これはどこに境界線があるのだろうか。恐らくは、まだ誰も実証していない。

関東では圧倒的にスパゲッティナポリタンである。何よりもナポリタンは横浜生まれだ。西は「喫茶ユキ」の項で記述した通り、イタリアンスパゲッティは名古屋発祥である。であれば、神奈川県と愛知県に隣接する静岡県のどこかにナポリタンとイタリアンの境界線があるのではないか。

そんな仮説を立て、筆者はこの境界線を探ってみたくなり、一路静岡県へ一人旅を敢行する。東海道を中心に当たりを付け、喫茶店や洋食店などを巡ってみたら何かが掴めるに違いない。

熱海市「ドライブイン熱海プリン食堂」で鉄板！ナポリタン〜温玉のせ〜

旅は熱海市から始まった。熱海市は道としての東海道からは少し外れるが、JR東海道線としては静岡県最初の駅となる。古くから伊豆の玄関口として知られ、熱海駅も三島方面のJR東海道線と伊東方面のJR伊東線に枝分かれする地点だ。

神奈川県民にとって熱海、伊豆半島は気軽に赴くことのできる格好のリゾート地だ。横浜市在住の筆者も熱海へは時々訪れ、昔からあるナポリタンを提供する喫茶店や洋食店をいくつか知っていたのだが、定休日という筆者自身の調査ミスから始まり、定休日ではないはずなのに休業、営業時間短縮で閉店していた、などが度重なる。ご高齢の店主だ、できるだけ永く営業を続けるために日々調整しているのだろう。近年はコロナ禍というものもあって時短営業が身に付いてしまったというお店の話を聞いたこともあるから、それも無関係ではないのかも知れない。

別の候補のいくつかのお店についても同様で、既に閉業してしまっていたお店もあった。プランC、Dくらいでネット情報を頼りにナポリタンを提供するお店を探し回る。やっと入れたと思ったら「うちはワンオペだから食事メニューなんか出せませんよ」と言われたり。ネット情報っていまだにあてにならない情報が氾濫しているんだな。

筆者が熱海市のために作った時間に限って言えば、残念ながらそれらのお店とは縁がなかったのだ。

熱海駅周辺の商店街で途方に暮れる。「熱海プリン」は今日も若い層を中心に行列を作っている。ここ数年よく見る風景だ。

「あ、熱海プリン食堂があるじゃないか！」

筆者は熱海市営駐車場を出て、伊豆多賀方面へ向かう。国道一三五号線を十分ほど走ると、左手に長浜海水浴場が現れ、その右手に「**ドライブイン熱海プリン食堂**」が現れた。

熱海プリンは二〇一七年に熱海駅近くの田原本町で創業。運営する株式会社フジノネという会社は地元熱海市の企業で、二〇〇七年に創業し界隈のお土産物の製造販売を手掛けてきた。

熱海駅の近くの小さな空き店舗から、再び熱海に賑わいを創出しようと新規事業として始めたのが熱海プリンだ。熱海温泉の噴出にヒントを得てじっくり蒸し上げるプリンはしっかり固く、濃厚な味わいだ。

「巨人、大鵬、卵焼き」に匹敵するほどの昭和の懐かしさを連想させる「温泉街、牛乳瓶、プリン」は昭和時代のレジャーの象徴的スポットである熱海で、レトロとポップな雰囲気が融合し、若い女子を中心にヒットする。

ドライブイン熱海プリン食堂は、二〇一九年七月オープンでちょうど丸五年を迎える。ドライブインというのが、昭和生まれの運転好き中年にとってはたまらない響きだ。

一階が駐車スペースで、飲食スペースは二階となる。

ポップな色遣いでカップルが多い店内で一人のおじさん（筆者）は「鉄板！ナポリタン～温玉のせ～」をいただく。

日本生まれの生パスタであるモッチリーニを使用。このモッチリーニは、デュ

熱海プリン食堂の鉄板！ナポリタン～温玉のせ～

ラムセモリナ粉に澱粉質を加えたもので、その名の通りもっちり感が抜群である。それがオイリーで濃厚なソースと絡む。温泉卵を崩して混ぜたら濃厚さはさらに爆発する。これはかなり美味い。

「弊社の鉄板ナポリタンは、特に名古屋からの影響を受けたものではなく、『熱い』ナポリタンを提供したかったためです。『熱海』でもあるので、熱々の鉄板にのせております」（広報担当者・渡部七海氏）

なるほど、細部にまで洒落をきかせて「熱海」にこだわる地元企業のプライドを感じる。

ついでに皿プリンも頼む。なんてことのない生クリームと赤いチェリーが優雅な気分にさせる。しっかり固めなプリンに甘くほろ苦いカラメルソースは間違いない。

今回行くことができなかったお店も含め、鉄板ナポリタンをイタリアンスパゲッティとして提供するお店は熱海市には存在しなかった。旅は始まったばかりだ。

三島市「cafe × kitchen pangram」の鉄板ナポリタン

熱海の山を越え、三島市へ。熱海市同様、「伊豆の玄関口」で知られ、源頼朝・北条政子ゆかりの三嶋大社を有する街だ。

東海道新幹線も停車するＪＲ三島駅から徒歩八分、三島市立公園楽寿園や白滝公園などがある静岡県道五一号沿いに「**cafe × kitchen pangram**（パングラム）」がある。

シェフの正堺《しょうかい》龍樹氏とホールの植村彩葉《いろは》氏の共同経営という形で二〇二一年に創業という新しいカフェ。店名の「pangram」は植村氏の名前「いろは」が由来で、「いろはにほへと」を英訳したらパングラムという言葉が出てきたという。ギリシャ語で言葉遊びの一種とされていて、この言葉から店作りをしていく上で、遊び心を大事にしたカフェにしていこうという話になった。そんな素敵なストーリーが詰まったお店は外観も内観もイマドキなセンス抜群のカフェで、一階はオープンキッチンとカウンター席、二階へ上がるとソファ席もあって、まったりとくつろぐことができる。

正堺氏いわく、オムライスが自慢のお店であるが、「辛口鉄板ナポリタン」がメニューにあった。辛口が苦手な人向けには抜くこともできるという。筆者は辛いのはさほど強くはないが、弱いというわけでもない。どのくらい辛いのか興味があり、そのままでオーダーした。

出てきた鉄板ナポリタンは、名古屋式の「イタリアンスパゲッティ」そのものであった。だが、大きな唐揚げが三つもトッピングされている。

ナポリタンの辛さはピリッと感じるほどで、後に引くものではなく、周りの卵と合わせればマイルドになるちょうど良い辛さだ。

かつて三島市内にあった肉バルに勤務していた正堺氏が、そこにメニューとしてあった鉄板ナポリタンを引き継いだもので、肉バルでは牛すじ煮などがトッピングされていたそうだが、pangramでは人気メニューの一つである唐揚げをトッピングして提供している。特にその肉バルが名古屋由来だったとか、そういうことは関係なく鉄板ナポリタンを提供していたそうだ。

正堺氏は、日替わりなどで気まぐれに提供する「クリーミーナポリタン」こそがpangramとしてのオリジナルメニューだと胸を張る。次にここに来る機会があったら、是非それをいただいてみたい。

というわけで、三島市には鉄板ナポリタンを出すお店があったが、特に名古屋のルーツを持つわけではなく、「イタリアン」というメニュー名でもなかったが、良いお店に巡り合えたことは確かで、ちょっぴり幸せな気分になった。さあこの調子で次の街へ行こう。

沼津市の純喫茶「欧蘭陀館香貫店」のナポリタン

三島市から沼津市へ。駿河湾に面し、多くの海産物が集まる沼津港を有す。近海の魚介類を食べたいところであるが、ぐっと堪えてナポリタン・イタリアンの境界線を見つける旅を続けていく。

いくつかの候補があったが定休日だったり臨時休業だったり。ほぼアポなしで探っているので確実に体力と神経を消耗していく。そんなことですら楽しく感じている筆者は、やはり変態なのだろう。

国道四一四号線沿いに、有名チェーンの喫茶店だけでなく、有名チェーンのレストランも多く建ち並ぶ中でひときわ異彩を放つ喫茶店**「欧蘭陀館香貫店」**を見つけた。

「欧蘭陀」と書いて「オランダ」と読む。少し離れた下河原というエリアにも同名の喫茶店があり、ルーツは同じだが経営は別々のようだ。

香貫店は一九七五年に創業。この地で半世紀も愛されてきた喫茶店だ。店主の趣味でアンティークな調度品が多く展示されていて、それらは店の内装とマッチし、実に優雅な雰囲気を醸し出している。

ベロア調の椅子に腰かけ、ナポリタンとアイスコーヒーのセットを注文する。待っている間、クラシカルな心地よい音楽が流れている。

大皿の中心に、ちょこんと盛り付けられているように見えてなかなかな量のナポリタン。トマトケチャップベースで、しっかり炒めた甘酸っぱいテイスト。サラダ付きは嬉しい。喫茶店のナポリタンには、味噌汁なりサラダなり、何か付いてくるのが好きだ。

「ナポリタンとイタリアンの境界線？　それはここなんですよ」

そう語るマスターの横山和久氏。「欧蘭陀館」のイタリアンは名古屋の「イタリアンスパゲッティ」ではなく、ナポリタンとは具材も共通しているがトマトケチャップを使用しない塩味ベースのスパゲッティのことであり、関東の喫茶店などでも時々見かけるタイプのメニューだ。今はメニューから退いているそうだが、かつては人気メニューとしてラインナップしていたと言う。

水出しのアイスコーヒーはえぐみがなく、すっきりとした苦味だ。銅のカップはいつまでも冷え冷えなのが良い。

街の喫茶店に入れば、その地元が見えてくるのが魅力だ。「欧蘭陀館香貫店」は、まさにそんな魅力の素晴らしい街の喫茶店だった。

富士市は「つけナポリタン」の街・その①

沼津市から富士市へ。

先に言っておこう。富士市は「富士つけナポリタン」の街である。つけナポリタンについては少しずつ後述していく。

山部赤人の短歌で有名な田子の浦を有する富士市。市街地から北方を眺めれば世界遺産の富士山が堂々とこちらを見据えている。

富士山などから流れる豊富な地下水を利用した製紙業が盛んで、市内の九・二㎞を走行する岳南鉄道に乗れば、その車窓から製紙工場を眺めることができ、その風景は「工場萌え」の愛好者であれば絶景に映るだろう。

岳南鉄道に、吉原本町という駅がある。

東海道十四番目の宿場町・吉原宿が存在していた頃から繁栄してきた吉原本町は、吉原商店街という歩道アーケードの長い商店街がひときわ目立つ。これだけ立派な商店街にもかかわらず、日中でもシャッターが閉じたままの空き店舗がチラホラと目立つ。

吉原商店街でブティックを営み、静岡県富士市吉原商店街振興組合の専務理事を務めていた小川和孝氏はなんとかこの町を再び活気付けたいと考えていた。

「二〇〇八年のことです。当時テレビ東京系の『TV《テレビ》チャンピオン』の後継番組で『チャンピオンズ〜達人のワザが世界を救う〜』という番組があったのです。全国各地の悩みごとを達人が解決するという番組でしたが、この達人の力を借りて街の良い物を作ろうと、私が勝手に応募しまして……」

一九四五年に「丸市食堂」という食堂だった頃からを含めて創業八十年近くの歴史のある喫茶店「**CoffeeShop アドニス**」では、昔ながらのナポリタンを提供していたが、『チャンピオンズ』で達人・めん徳二代目つじ田店主、辻田雄大氏にアドバイスをもらう。

「お店のナポリタンをつけ麺にしてみたらどうか」

こうして生まれたのが、つけナポリタンである。

普通の喫茶店であったアドニスでは、毎日早朝から鶏がらスープを仕込む作業が新たに加わった。小川氏は、このつけナポリタンを富士市内の街中に広めようと、二〇〇九年に「富士つけナポリタン大志館」という団体を結成、自らは「特命全権大志・ボンジョルノ小川」と名乗り、事務局は富士市の商工会議所に置いた。「愛Bリーグ」にも加盟し、B—1グランプリには毎年出場するなど、「富士つけナポリタン」をツールに「富士市」を全国に売り込むことに尽力。

「一時期は富士市内でつけナポリタンを提供するお店が五十店以上ありましたね。B—1グランプリが全国から注目されていたこともあり、多くの人々がつけナポリタン目当てにこの吉原へ来てくれました」

つけナポリタンの定義を小川氏に説明してもらう。

「麺はフリースタイルです。中華麺でも、パスタでも。スープはトマトスーププラス何かのスープのWスープであることです」

アドニスのつけナポリタンは、中華麺の中強力粉七割、パスタのデュラム粉三割をブレンドしたオリジナル麺だ。ここにサクラエビがトッピングされているのが、静岡県に来たなあという感慨深い気持ちにさせる。

スープはトマトスープに加え、前述の通り鶏がらスープのダブルスープだ。このスープにチンゲン菜、マッシュルーム、味玉、シュレッドチーズ、そして柔らかく仕上げられた鶏むね肉が入る。

食べ方は添え書きがある。

その一、よくつけて食すべし
その二、チーズをからめて食すべし
その三、半分食べたらレモンを麺にかけるべし

名古屋の「ひつまぶし」のような、一見お節介な食べ方指南ではあるが、このおかげでつけナポリタンの醍醐味を十二分に味わうことができた。レモンが実に爽やかで良い。

さらに「しめごはん」を追加注文すれば、残ったスープにぶっこんでリゾット風として楽しめるという、「悪魔のささやき」もある。

アドニスでは喫茶店の創業当時からメニューにあるというスパゲッティナポリタンも健在だ。関東で食べられるナポリタンそのものだが、これがソース・具・

coffeeShop アドニスのつけナポリタン

麺のまとまりが良く、実に素晴らしい。つけナポリタンの店として忙しくしながらも、古くからのナポリタンも大切にしているという姿勢がとても愛おしい。ぜひ元祖・つけナポリタン同様に、このスパゲッティナポリタンも、いつまでもメニューにあり続けてほしい。

富士市は「つけナポリタン」の街・その②

富士つけナポリタン大志館特命全権大志・ボンジョルノ小川氏とは、筆者も日本ナポリタン学会の会長ということで非公式ながら交友を持っていた。つけナポリタンとスパゲッティナポリタンは別物ではあるが、富士つけナポリタン大志館も日本ナポリタン学会も活動の本質は街を盛り上げたいという市民有志の集まりという点では共通しているからだ。

軽くインタビュー後、久しぶりの再会だったので吉原本町のどこかで一杯、と思ったが、小川氏が翌朝早い用事（ゴルフ）があるとのことで、その代わりに小川氏からここへ行ってみてください、と教えてもらったのが**「創作酒肴雪月花」**だ。

暖簾をくぐり、ガラガラと引き戸を開けて入る。この表現からして純和風の居酒屋だ。カウンター席に小上がりのテーブル席がいくつか。ナポリタンとイタリアンの境界線を探る旅のはずだが、少し道を外れてしまったのかも知れない。まあいいか、旅先でゆっくり腰を据えて呑む時があったっていい。

オープン直後のカウンター席、客はまだ私一人。人見知りな筆者はやや緊張。丁寧に注がれた生ビールを飲みながら、女将の千文《ちふみ》氏が気を遣っていろいろ話しかけてくれる。酒が入ってだんだんと筆者も打ち解けていく。

女将手作りのお通し三種に箸を付けながら、なんか面白そうなおじさんが続々と入店し出す。金物屋、植木屋、保険屋など、皆この界隈で商売をしている地元の重鎮ばかりだ。

そんな賑やかな雰囲気になった頃、筆者の生ビールは三杯目となっていて、ようやく女将に境界線の旅をしているということを打ち明けることができた。

「うちはつけナポリタン加盟店番号Ｎｏ・２のお店なんですよ」

千文氏は富士市生まれ富士市育ち。小さい頃からずっと吉原の街を見守ってきた。だからこそ小川氏同様に吉原商店街を、富士市を盛り上げたいという気持ちは人一倍強い。

雪月花のつけナポリタンをいただく。

スープはトマトケチャップがやや強めの濃厚スープ。跳ねるといけないからと麺はフェットチーネという千文氏の粋な心遣い。創作酒肴ならではの、お酒が入っていただくと尚心地よい仕様だ。デフォルトでご飯も付き、〆にもピッタリである。

「つけナポリタンは加盟店一つとして同じものはありません。だからこそ食べ歩きが楽しめるのですよ」

そう語る千文氏。スパゲッティナポリタンでも同じようでいて作る人によって微妙に異なる楽しみがある。そういう意味ではつけナポリタンもスパゲッティナポリタンも共通している。

雪月花ではスパゲッティナポリタンもメニューに存在しており、ちょこっと作っていただいた。トマトケチャップベースの濃厚で甘いナポリタン。赤ウインナーがトッピングされている。

「静岡県は東西の文化が混在した街なのです。東のいいところ、西のいいところ、そして古くから地元にあるいいところをミックスした感じが静岡県だと思います。うちのナポリタンは関東寄りだけど、赤ウインナーは西の文化ですね」

名古屋の鉄板ナポリタンではよく見かける赤ウインナーだが、富士市内では入手にやや苦労するのだとか。

ヤオハンは世界進出しなければ今頃は、リニアは静岡県には何のメリットもない、こだまに乗って京都へ行けば程良い時間で車内ひとり居酒屋ができる、くふうハヤテベンチャーズ静岡は一軍昇格があるのか、など、旅先ならではのローカルな話題の数々に耳を傾けていたら、ビジネスホテルの門限が近づく。帰り際、女将が私にひと言。

「ここ富士吉原は関東の文化が色濃いのです。富士川から向こうは西の文化が色濃いんですよ。じゃあ引き続き旅を頑張ってくださいね」

ナポリタンとイタリアンの境界線を探るためには、静岡県民の方々の話に耳を傾けてこそなのだと、「創作酒肴雪月花」での一夜は決して本質から外れてはいなかったのであった。

静岡市に一軒「イタリアンスパゲッティ」があったが……「レストラン栄屋」

富士市から静岡県の県庁所在地である静岡市へ。ちょうど静岡県の東西間で中央部となる。そろそろ名古屋式のイタリアンスパゲッティが現れるのでは？と期待が膨らむ。

静岡市清水区はかつて清水市と呼ばれていたが、二〇〇五年に静岡市が政令指定都市へと移行するのに先立ち、二〇〇三年静岡市に編入された。草薙《くさなぎ》という街は、静岡草薙球場という古くからの野球場があり、かつてベーブ・ルースやルー・ゲーリッグらを擁する全米チームが全日本チームと戦った地として、野球ファンには知られている。

静岡鉄道（静鉄）静岡清水線の草薙駅前にある「**レストラン栄屋**」へ。

一九七八年創業の洋食店。その佇まいから「駅前食堂」と言った方がしっくりくる。ランチのみの営業でサラリーマンたちは熱々の鉄板にジュージューという美味しそうな音を立てたハンバーグ定食を美味しそうに食べている。メニュー表を眺めていると、あったあった「イタリアンスパゲッティ」の文字が。心躍って注文する。

が、出てきたのは普通のお皿に盛りつけられたスパゲッティであった。トマトケチャップの赤ではない、白いスパゲッティである。これが沼津市の「欧蘭陀館香貫店」のマスターが言っていた、ナポリタンと基本的な具材は同じだが塩味ベースの「イタリアン」だ。店主いわく、本来はニンニクを多く入れるが、ランチ営業のみなので少なめにしているとのこと。ベーコンとともにサラミのような味も食感も強いものが入っており、これがなかなか良いアクセントとなっていた。

もちろん「ナポリタンスパゲッティ」も注文。これも普通の皿に盛り付けられたオーソドックスなスタイル。トマトソースベースであっさりとした味わい。これも店主いわく、本来はエビ入りだったそうだが、昨今の物価高騰で値上げを嫌った結果、一時的にエビを抜いているそうだ。物価が安定してエビが復活することを祈る。

鉄板ナポリタンもかつてはメニューに存在していたそうだ。しかしハンバーグなどのグリル系メニューに優先して鉄板を使いたい意向から、断腸の思いでメニューから外している。

ナポリタンとイタリアンの境界線は、まだまだ西の方にあるようだ。

焼津市にはナポリタンに最適な給食用ソフトめんを作る製麺所がある

静岡市を後にし、焼津市へ。

ナポリタンを提供するお店はいくつかあるのだが、イタリアンスパゲッティとして提供するお店はなさそうなので、ここは閑話休題といった感じで、創業八十年以上を誇る昔ながらの製麺所を紹介したい。

ＪＲ焼津駅から徒歩五分の場所にある「**羽山商店**」は一九四一年創業の製麺所。地元の町中華などの飲食店に中華麺などを卸す他、一般向けに直売もしており、スーパーなどの小売業にも麺を卸している。

何と言っても看板が示す通り「学校給食指定工場」であり、学校給食でお馴染みの「ソフトめん」を作っているメーカーである。

かつて学校給食は戦後の食糧難から米国による小麦粉食奨励の流れでパン食が中心で、学給粉というものが支給され、その粉でパンを作っていた。毎日パンでは飽きるからと、その学給粉を使用して開発されたのがソフトめん、正式名称はソフトスパゲッティ式めんである。

羽山商店では一九六九年からソフトめんの製造を請け負っていた。現在の学校給食は米飯食が中心となっており、学給粉の支給はないものの、月に数回は学校給食用のソフトめんの製造依頼がある。

羽山商店のソフトめん製造は壮絶である。

焼津駅近くの製麺所「羽山商店」

「製造依頼はだいたい六校からあり、数にすると二千五百食になります。昼食までに六校全てに納品を間に合わせるために、その配送ルートも含めた全ての工程を逆算して製造を始めるのです」

そう語るのは有限会社羽山商店代表取締役の羽山義孝氏。

朝の三時半からソフトめんの生地を粉から練り、混合、複合、圧延という工程を経て麺が切り出され、それを茹でる。茹でたてをいただいたことはあるが、普通に芯が残ったコシのあるうどんであった。

ここからの工程がソフトめんの真骨頂である。殺菌処理である。「蒸熱殺菌庫」と呼ばれる機械に入り、高熱の蒸気の中、一定時間の殺菌が行われる。茹でた麺はいたみやすいので、安全に生徒のもとへわたるために必要な工程なのだが、この殺菌処理は結果的に麺を蒸し上げる形となる。これにより茹でたてでは芯のあった麺の中心まで水分が行き渡ることとなり、ソフトな食感に仕上がる。

各校への仕分けなどを経て配送するのが朝の九時頃。ソフトめんを二千五百食製造するのに六時間近くも要する。学校給食のソフトめんにはこれだけの労力・

苦労を経ているのだ。

羽山商店のソフトめんは静岡県の地元スーパー「KOマート」でも販売されている。そこでは「トマトルー」と呼ばれるシーズニングが付いていて、これでナポリタンを作ると美味しいのだ。筆者は酸味が少し欲しい時、このトマトルーにトマトケチャップを少し足している。トマトルーの塩気は絶妙で、白いご飯のおかずにもなる。乾麺のスパゲッティをいくらフニャフニャに茹でるよりも、ソフトめんだからこその「ナポリタンの美味さ」というのがある。

この一連の流れを二年程前にネット記事で取材させていただいた。「ソフトめん」という懐かしの言葉がパワーワードだったのか、Yahoo!ニュースのトップ記事になり、ツイッター（現・X）のトレンドが「大谷さん」「トラウト」「ソフトめん」となった思い出がある。

以来、羽山商店にも問い合わせが殺到。いろいろ大変だったらしい。

「うちは『ソフトめん屋』じゃないんだよ！」

羽山氏にはちょっぴり叱られてしまったが、

「でも大手じゃないうちみたいな製麺所がどんなふうにして日々製造しているのとか、大手にはない良さとかを、やっぱり知ってもらいたくてSNSもやっているわけだから、そういう意味ではあの時の『炎上』は良かったなあ、と思っているよ。地元のメディアも度々取り上げてくれるようになったしね！」

自分の書いた記事がその後どう影響しているのかは、書き手としての責任もあるから、この旅で羽山商店と羽山氏のその後を確認できたことは良かった。

藤枝市は「なごやめし」の「あんかけスパ」専門店があった――「助宗食堂」

焼津市から藤枝市へ。

東海道五十三次の二十二番目の藤枝宿があったエリアだ。

ＪＲ藤枝駅からバスで十二分ほどの場所に藤枝市本町という街がある。藤枝七福神の弁財天を有する長楽寺という お寺から長楽寺通りと呼ばれる道路は、商店群が建ち並び賑わいがある。割と駅から離れたエリアで栄えているのは、宿場町の名残だろうと推測する。そこにあるのが「**助宗食堂**」という洋食店だ。

「あんかけスパゲッティと洋食のお店」とある。あんかけスパゲッティは名古屋発祥のソウルフードだ。いよいよイタリアンスパゲッティに出会えるだろうか。

二〇一五年創業と新しいお店だ。「食堂」と謳い、レトロな暖簾を掲げながらも、カフェ的な新しい要素も取り入れ、温かみがありセンスある雰囲気だ。

メニュー表を見る。あんかけスパゲッティ推しで多くのメニューがラインナップされているが、筆者はブレることなく鉄板ナポリタンを注文する。

店主の村松裕太氏は地元・藤枝市出身。学生時代を名古屋で過ごし、飲食店でアルバイトをしていた中で、あんかけスパゲッティに出会い、その味に感動する。こんな美味しいものを名古屋のローカルフードに留めていては、と一念発起し、洋食屋の修業を経て地元に帰って助宗食堂を開業する。

あんかけスパゲッティを売りにしつつ、村松氏が経験してきた洋食全般をメインとしており、鉄板ナポリタンの他、オムライスなども提供する。

円形の鉄板に盛り付けられたナポリタン。ボルカノスパゲッチ二・二㎜の太麺にソースたっぷりの圧巻な見映え。あんかけスパゲッティは修業して覚えたが、鉄板ナポリタンは独学という。どことなくあんかけスパゲッティの要素や影響を受けた雰囲気がある。

鉄板ナポリタンはイタリアンスパゲッティではなかったが、静岡県も西へ進むにつれて名古屋の影響が色濃くなっていくという、助宗食堂はまさにその象徴的なお店だった。

島田市の立ち寄り湯にも鉄板ナポリタンが──「島田蓬莱の湯・お食事処えびす」

藤枝市から島田市へ。日も暮れ、ナポリタンとイタリアンの境界線を探る静岡の旅もロングドライブで肩や膝が痛み出した。ＪＲ島田駅から車で十分ほどの場所にあるスーパー銭湯「**島田蓬莱の湯**」で身体を整えよう。散々ナポリタンを食べ歩いたので空腹ではないが、施設内の「**お食事処えびす**」をちょっとのぞいてみる。テーブル席に加え、奥には小上がりの座敷席がある。食券制のメニューを眺めると、「鉄板ナポリタン」があるではないか。今日はもういいだろうと思いながら、財布に手が伸び、食券機のボタンに指が向く。座敷席に座り、受け取った半券と呼び出しベルをテーブルに置いて待つ。五分ほどしてベルが鳴り、鉄板ナポリタンを受け取りに行く。

鉄板ナポリタンは、円形の鉄板に溶き卵を敷いた名古屋スタイルだが、メニュー名はナポリタンだ。そのあたりはまだ東西の文化が混在した静岡県という状況なのだな。やや半熟の薄焼き卵という感じに対して一・七㎜の麺が程良く絡む。ソース多めなナポリタンとの一体感が心地よい。

聞けばこの島田蓬萊の湯は藤枝市に本社を置く株式会社ツチヤコーポレーションが運営している。昔から「コンロのツチヤ」「石油のツチヤ」として知られる地元企業だ。エネルギーソリューションがメイン事業とあって、温浴事業にも何軒か携わっている。フードコート事業も直営で行っていたが、数年前から株式会社NextFoodsという名古屋市が本社の温浴事業専門の飲食経営企業へ委託している。なるほど名古屋由来、取材しないとわからないストーリーだ。

お食事処えびすは、島田蓬莱の湯入場口の手前にあるので入場料はいらず食事だけでも立ち寄ることができる。鉄板ナポリタンの他にも日本料理をベースに多くのメニューがあるので楽しい。

それにしても一日何食もナポリタンを食べたのでお腹いっぱいだ。少しでもカロリーを消費しようと、サウナに飛び込んだのであった。

掛川市のナポリタンスパゲッティも名古屋ルーツの鉄板だ

大井川を渡り掛川市へ。国道一号の島田・金谷バイパスはいつの間にか日坂バイパスへと名を変え、それすらも認識しないうちに掛川バイパスになっていた。まあ、国道一号線をずっと走っていたということである。

掛川市と言えばお茶の名産地。さあどんなナポリタンに出会えるのだろうか。

東海道新幹線も停車するＪＲ掛川駅から上り方面へ歩く。静岡県道掛川浜岡線は、ＪＲ東海道線と東海道新幹線の線路と並行しており、鉄道マニアにはたまらない風景だ。十分ほど歩いたところに、「**軽食&喫茶ジュアン**」という、白地に茶色い瓦の建物のお店が現れる。

一九七二年創業で当初は掛川市街の連雀《れんじゃく》という町にあるアーケードの商店街で営業していた。掛川もやはり東海道の宿場町であり、連雀は本陣があった場所として知られ、古くから掛川の中心地である。五年後の一九七七年に現在の地へ移転する。連雀時代と合わせると半世紀以上の歴史がある喫茶店だ。

中に入るとまるで西洋のお城にでも来たかのような豪華な内装で、ギリシャ建築を彷彿とさせる柱がそびえ立つ。そんな風景の中に漫画本がぎっしり収納された本棚が視界に入ることで、ここは日本の喫茶店なのだと冷静さを取り戻す。

ナポリタンスパゲッティをセットで注文する。掛川でもまだナポリタンだ。出てきたのは鉄板ナポリタン。名古屋式と少々異なるのは溶き卵ではなく半熟の目玉焼きがサイドに敷かれているということだ。そしてセットとしてロールパン二個のトーストにサラダが付く。かなりボリュームがある。ドリンクはアイスコーヒーを注文した。

ナポリタンは軽く焦げ目が入り、香ばしい味わいだ。目玉焼きは同じ卵でも溶き卵とはまた違った風味となり、これもまた良い。

何よりも、他にはない佇まいと空間を味わえるのがとても貴重だ。

店主の杉山資輔《けんすけ》氏は名古屋出身だそうで、浜松市の喫茶店で修業後、掛川市で独立したという。名古屋出身だから鉄板ナポリタンなのかと合点がいく。店名の「ジュアン」は知り合いの洋ランの栽培をしている人から、洋ランの種類にちなんで決められた。明るいイメージが込められているらしい。

いつまでも地元に愛され続けてほしいという願いをお店に置いて、旅は続く。

磐田市の純喫茶「ロンダ珈琲館」の鉄板ナポリタンは本場名古屋の流れ

さらに西へ進む。掛川バイパスはいつの間にか袋井バイパスへと名を変え、それすらも認識しないうちに磐田バイパスになっていた。引き続いて国道一号線をずっと走っていたということだ。

磐田市へやって来た。磐田市に関する知識がジュビロか長澤まさみ程度しかない筆者は全くの未熟者だが、東海道の見附宿がある宿場町であることを訪れて知る。

磐田市がまだ磐田郡であった頃の一九六七年創業の「**ロンダ珈琲館**」は、煉瓦造りの純喫茶。店内はジャズピアノが流れ、落ち着いた空間だ。マスターの石田正道氏が御年八十三歳の今もなお、背筋がピンと伸び、カッコ良くサイフォンでコーヒーを淹れている。店名の「ロンダ」はスペインの「Ronda」という町の名前から取ったものだ。

ナポリタンのセットを注文。やはり磐田でもナポリタンだった。

セットにはサラダと共に切れ込みの入ったロールパンがトーストされ提供される。この切れ込みにサラダを詰めサンドイッチにするのもまた良い。ナポリタンは鉄板に溶き卵が敷かれた名古屋スタイル。ジュージューと良い音を立てて出される。

この店の歴史を感じることができる使い込まれた鉄板だ。ナポリタンは甘めのソースにブラックペッパーがピリッと引き締める。

聞けばコーヒーメーカーが名古屋支店から来て、鉄板ナポリタンをメニュー提案されて導入したのだそうだ。喫茶店に入るコーヒーメーカーは単にコーヒー豆を卸すだけではなく、フードメニューの食材なども持っている、いわば商社である。なるほど、静岡県も西へ行けば行くほど愛知県の影響が色濃くなっていくのだな。

店内では自家製のケーキも豊富な種類が販売されている。石田氏のご子息がパティシエで、毎日作っているのだ。いずれこのロンダ珈琲館も継ぐ予定だという。後継者がいるというのは幸せなことであり、古き良き喫茶店を愛する者としては嬉しい話題である。

さあ、静岡県にそろそろ「イタリアンスパゲッティ」というメニュー名のお店が現れてほしいものだ。

浜松市は「滝」がある街道沿いの大型喫茶店「けやき北島店」

磐田市から天竜川を渡り浜松市へ。

県庁所在地である静岡市を超え、静岡県内最大の人口を誇る都市。面積も県内最大である。

いよいよ愛知県に隣接するエリアにまでやって来た。藤枝市あたりからだいぶ名古屋の影響を受けたお店が続いている。イタリアンスパゲッティという名でナポリタンを提供するお店がそろそろ現れてもいい頃だ。

東名高速浜松インターチェンジに近い界隈、国道一号線がカーブして国道一五二号線と分岐し、その一五二号線沿いの薬師町という交差点の目の前にあるのが**「けやき北島店」**という喫茶店だ。駐車場も完備し、さしずめドライブインといった風格である。

けやき北島店という名は、かつて浜松市内にチェーン展開していたらしく、名残らしい。現在の「けやき」はここ北島店のみである。

愛知県の喫茶店文化に倣ったモーニングサービスや、ランチメニューも充実している。喫茶店というよりもレストランと言っていいほどに広い空間である。壁面には一面に滝があり、常時チャラチャラと水が流れている。こんな店は初めてだ。凄い。

注文したナポリタンスパゲッティは、やはり鉄板だ。しかしながら卵は存在しない純粋なナポリタン。まあ今日もここまで鉄板ナポリタンをよく食べたし、卵は過剰摂取気味だったから筆者的にはちょうど良かった。ソースはトマトケチャップというよりもシポラタソース（デミグラスソースにソーセージが入ったもので、オムライスなどに添えられる）っぽくて、コク深い。

一九七三年創業と半世紀以上にわたって浜松の人々の憩いの場として愛されてきた。街道沿いで交通量も多く目立つ立地でもあることから、「けやき」として唯一生き残っている理由を窺い知ることができる。

それにしても店内の滝は凄かった。一見の価値がある。

奥浜名湖には船で行けるお店があった――「カフェテラスサンマリノ」

さらに浜松市内を浜名湖方面へ。三ケ日あたりへ足を運ぶと、奥浜名湖というエリアになる。同じ浜松市内でも、静かな湖畔という雰囲気が漂う。

奥浜名湖の湖畔に、「**カフェテラスサンマリノ**」というお店がある。水辺に白塗りの建物はなかなかにカッコいい。

ナポリタンとアイスコーヒー（やっぱりコーヒーは好きだ）を注文する。世界最古の共和国と言われる国名から取ったこのお店。サンマリノ本国には海はない。ここのサンマリノも海はないが、湖には面している。だからなのか、店内に入れば多くのJack Tar（水夫）がこちらを見つめている。

店内から一望できる浜名湖を眺め、ナポリタンを待つ。

五分ほど待って出てきたナポリタンは鉄板ナポリタンだが、やはりイタリアンスパゲッティとは名乗っていない。境界線はまだ先だ。ソースが跳ねないしっかり炒めたナポリタンは香ばしく、うま味がある。ベーコンとウインナー、そして玉ねぎとピーマンといった具材もしっかり炒められ、豪快に盛り付けられている。そして底には溶き卵。半熟というよりもしっかり火が通っている。

浜名湖を一望しながらいただくナポリタンとアイスコーヒーは格別である。

浜松市街の喫茶店で修業をした店主・村上恵一氏が一九七一年にこの地で創業。半世紀以上の歴史があるが、このエリアは特別風致地区に指定されており、創業以来周りの景色はそのままだという。店の前には専用の桟橋もあり、船で乗りつけるお客もいるのだとか。素晴らしい。

「私ももう後期高齢者。後を継ぐ人間もいないのであとどれだけ営業できるかわかりませんけどね」

そう語る村上氏。どこへ行っても後継者問題は深刻である。

静岡県最西端の湖西市へ―名古屋発祥のチェーン店―「チェスティーノ湖西店」

ここまでイタリアンスパゲッティと名乗るお店に出会えぬまま、ついに静岡県最西端の湖西市まで来てしまった。

浜名湖の西側に位置するこのエリアに「**チェスティーノ湖西店**」というレストランがある。石窯焼きのピザなどが名物であるイタリアン系ではあるが、名古屋発祥のチェーン店ということもあり、なごやめしの一つであるあんかけスパゲッティなどのメニューも豊富だ。そしてもちろん、鉄板ナポリタンもグランドメニューで存在している。

鉄板ナポリタンは太麺だ。恐らくは二・二㎜、さすがは名古屋発祥の店である。ウインナーに玉ねぎ、ピーマン、シメジと言った具材。卵はやや半熟だ。ケチャップ多めのナポリタンに半熟卵が絡みつく。鉄板ナポリタンの醍醐味はここでも味わうことができた。

だがしかしメニュー名はナポリタンである。イタリアンスパゲッティではない。チェスティーノを運営する愛知県岡崎市の株式会社フーズサポート・クリエイツ代表取締役の口石卓二氏は、あのUCCコーヒーでお馴染みの「上島コーヒーグループ」の一つである「株式会社ウエシマコーヒーフーズ」で四十年勤務し、定年後の二〇一一年にウエシマコーヒーフーズが直営していた愛知県内のチェスティーノ二店を譲り受け、フーズサポート・クリエイツを創業した。創業が若い店舗では、「イタリアンスパゲッティ」よりも、全国的に知られている「ナポリタン」の方が売りやすいし、客もわかりやすいのだろう。イタリアンの発祥地である名古屋市内ですら、ナポリタンと謳って鉄板ナポリタンを提供するお店が増えているのが現状だ。

そして、口石氏から衝撃的な言葉を聞く。

「湖西店は契約満了ということで三月三十一日で閉店してしまいました。名古屋市内の『デリスクエア今池店』と『シャンピアポート店』は営業中です。この二店でも鉄板ナポリタンは人気メニューですので、機会があれば是非お越しください」

静岡県では境界線は見つからなかった。やはり愛知県なのだろうかと、さらに旅を続けることになった。

境界線の旅は愛知県豊橋市へ、さすが愛知は喫茶店文化

ついに静岡県を越え、愛知県へ入った。お茶の緑とみかんのオレンジのイメージカラーが、豊橋市に入った途端にドラゴンズブルーを感じるようになったのは気のせいか、筆者の勝手な先入観か。それはともかく横に長かった静岡県、ここまで六日間を要した。駿河湾に面した静岡県だから、各所に海の幸の名物があるにもかかわらず、ひたすらナポリタンだけを食べ歩いたのだ。

不思議と他のものが食べたいという欲求を特に感じなかったのは、スパゲッティナポリタンという料理がどこへ行っても同じようでいて作り手によって微妙な違いが見えてくるという面白さに筆者が惹かれているからだと思うが、それに共感してくれる人がいることを祈る。

国道一号線が県境を越え、豊橋市に入ると、JR二川駅が現れる。JR東海道線の愛知県最初の駅だ。二川はかつては渥美郡二川町だったが、豊橋市に編入された。やはりこちらも東海道の宿場町として知られている。

そんな二川駅から車で五分ほどの場所に「Coffee 和《かず》」という喫茶店がある。「レトロ」というほどではないが、昭和後期のファミレス、といった雰囲気を感じるほど、喫茶店としてはなかなかに広く、駐車場も相当数完備している。入り口の「Coffee Kazu」のアーチがなかなかグッとくるデザインだ。

十一時を過ぎ、スパゲッティメニューが開始されるランチタイムが始まった夕イミングで入店。パッと見た感じで五十以上はある座席が満席状態だった。そのほとんどは高齢者夫婦で、特に会話をすることもなく、互いに新聞を読んだりとまったり過ごしている。喫茶店文化の深い愛知県民は皆そうなのだろうか？　だとしたら、愛知県の高齢者のＡＤＬ（日常生活動作）は他県に比べて高いのではないかと思えるほどだ。

「いや、この前、メ～テレ（名古屋テレビ）で取り上げてもらったばかりでね、その影響でしょう」

そう語るのは店主の澤田和重《かずしげ》氏。店名の「和（Ｋａｚｕ）」は自身の名前から取ったものだ。豊橋市内の喫茶店で数年修業後、あまり詳しくは覚えていないそうだが、一九七〇年代に創業し、もう五十年ほど営業を続けているとのこと。

　この旅で初めて「イタリアンスパゲッティ」というメニュー名を見つける。迷うことなく「鉄板イタリアンスパゲティー」を注文。静岡でもさんざん食べてきた鉄板ナポリタンはどれもそれぞれにストーリーがあって素晴らしかったが、あの名古屋市・車道の「喫茶ユキ」が命名した「イタリアンスパゲッティー」のメニュー名でいただくとなると不思議と心持ちが変わる。ついに出会ったという感慨もあるのだろう。

　浅めのステーキ皿という部分や細めのスパゲッティという部分では元祖とは異なるが、赤ウインナーという点では元祖を踏襲している。卵は半熟よりも火が通っている薄焼き卵のような状態。半熟か否かは好みの問題だな。筆者はどちらにも良さがあると思っている。

　昨今の物価爆上がりな状況下でサラダ付き六八〇円というのがすごい。ありがたいと思うよりは、これだけで店を出るのは気が引けるので、アイスコーヒーも注文。柿ピーの小袋も付いてきた。ささやかなホスピタリティを感じるのが愛知県の喫茶店文化である。

もう一軒行ってみよう。次もイタリアンスパゲッティがメニューにあれば、ナポリタンがイタリアンに変わる地域が豊橋市だと胸を張って言える、よね？

「和」を後にし、豊橋市中心部へ向かってみた。

豊橋市中心部へ入るとビル群も多くなり、さすがは市街地といった雰囲気がある。市としては明治期に誕生し歴史も長く、豊橋鉄道の路面電車が大正末期から令和の現在も走っており、レトロな雰囲気もある。

東海道新幹線も停車するＪＲ豊橋駅。駅からちょっと歩くと、一階部分が店舗で二階から上は住居となっている大豊商店街というショッピングモールが現れる。野球好きな筆者は愛知県だけに「たいほう」と読んでしまうが、正式には「だいほう」と読む。この商店街がある大豊ビルは一風変わっていて、用水路の場所、いわゆる暗渠部分に沿ってビルが建っており、「水上ビル」として親しまれている。

大通り（大手橋南交差点）を挟んで、大豊商店街は途切れるが、大手ビルという建物も水路に沿った水上ビルとして続く。

そんな大手ビルの一階にあるのが「COFFEE ROOM クローバー」だ。

午前中はモーニングタイムであり、スパゲッティ類の提供は十一時半から。十二時頃に入店する。メニューを見ると、やはりイタリアンの文字があった。やや浅めの鉄板に盛り付けられたイタリアンスパゲッティ。ベーコンとともに赤ウインナーが顔をのぞかせる。やはりイタリアンには赤ウインナーだな。ふわふわの卵はやや白っぽく、牛乳か生クリームでも混ぜているのかしら。

これがランチタイムでコーヒーが付いて七〇〇円なのが驚きだ。

店主の加藤幟《のぼる》氏は御年七十七歳。大手ビルが建築されたと同時に営業していた喫茶店を五十年ほど前から引き継いだという。

「ナポリタンもメニューにはあるんだよ。鉄板じゃなくて普通のお皿で提供しているんだ」

なるほど、ナポリタンとイタリアンの両方を出しているということは、まさに東西の分岐を担っているお店であると言える。

周辺がオフィス街とあり、昼休みのサラリーマンが続々と入店してくる。あっという間に満席。加藤氏も手を緩めずひたすらスパゲッティを炒め続ける。ゆっくりくつろぐわけにもいかず、ホットコーヒーを飲み干して速やかに店を後にする。

ナポリタンとイタリアンの境界線は愛知県豊橋市

静岡県も富士市吉原の「創作酒肴雪月花」女将・千文氏の「富士川から西は西の文化」という言葉通り、静岡市あたりから西へ行くにつれ、名古屋スタイルのモーニングサービスや名古屋スタイルの鉄板ナポリタンを提供する喫茶店が続々と現れ、静岡県は東西の文化が混在する街、ということは理解できた。ここまで取材してきた限りでは、静岡県内では鉄板ナポリタンであっても「ナポリタン」というメニュー名で提供されており、鉄板ナポリタンが「イタリアンスパゲッティ」というメニュー名で提供されているお店を見つけることはできなかった。

豊橋市に入ると、愛知県の条例で決まっているのではないかと思えてくるほど、モーニングサービスを実施している喫茶店があちこちに存在する。総務省統計局によれば、二〇一三〜二〇一五年平均で名古屋市の一世帯あたりの「喫茶代」は全国の県庁所在地及び政令指定都市別で一位の支出額（一四三〇一円、全国平均が五七七〇円）だそうで、愛知県全体でも喫茶店の事業者数や従業員数は全国で上位を示しており、喫茶店文化が根付いていることは数字でもはっきりしている。

Coffee 和の店主・澤田和重氏は、それでも以前に比べたらこのようなスタイルの喫茶店はだいぶ減ってきたと話す。

今回豊橋市ではCoffee 和とCOFFEE ROOM クローバーの二店を訪ねたが、筆者調べではこの他にも「イタリアンスパゲッティ」の名で鉄板ナポリタンを提供するお店はいくつか存在している。

「ナポリタンとイタリアンの境界線は、愛知県豊橋市である」

そう記録するとともに、ほぼアポなしでの訪問でありながら、温かく迎えてくださった静岡県及び豊橋市のお店の皆さんの優しさに心から感謝し、この章を締める。

このことは、どうぞ酒の肴にしてください。

第三章

神戸はマカロニ文化？
さらなるナポリタン・イタリアン問題

イノダコーヒのイタリアン

ナポリタンとイタリアンの境界線を探ったが、これはあくまで名古屋市東区の「喫茶ユキ」から愛知県内で広まった鉄板ナポリタン「イタリアンスパゲッティ」についてだ。これとは別に関西方面では、歴史あるお店ほどスパゲッティナポリタンが「イタリアン」と呼ばれている傾向にある。この謎についても少し迫る。

「マ・マー ゆでスパゲッティ」の「ナポリタン」と「イタリアン」

日清製粉ウェルナでは、一九六〇年代より常温保存パックの「**マ・マー ゆでスパゲッティ**」を販売している。

あらかじめ茹でてあるスパゲッティ麺に、備え付けのソースを和え、ありあわせの具材で炒めれば良いという、家庭向けに簡素化された商品だが、この当時はこのような忙しい家事を助けるものがまだそれほどなかった時代だったろうから、家事従事者たちはどのような反応を示したのだろうか。ちなみに大塚食品がレトルトカレーの「ボンカレー」を発売したのが一九六八年だから、この時代はもっと炊事を楽にしたいというニーズが全国で高まっていたのは明らかだ。

「マ・マー ゆでスパゲッティ」は、一九六四年に「フレッシュスパゲッティ・トマトソース」の名で、茹で麺にトマトソースをかけて調理する商品として発売し、一九七七年には「イタリアン」が、一九八三年には「ナポリタン」が販売され、現在も「イタリアン」「ナポリタン」の二種類が販売されている。

この二種類で面白いのは、どちらもパッケージ写真がナポリタンそのものに見えることだ。違いと言えば、「イタリアン」はウインナーが具材である、「ナポリタン」はベーコンが具材であるという、そのくらいしかない。

東ではナポリタン、西ではイタリアン。そういうことなのだろうか。

「はっきりしない部分もありますが、ナポリタン、イタリアンを二つ販売しているのは、販売当時にそれぞれ別のレシピが存在していたからだそうです。この商品はスパゲッティをあらかじめ茹でてあってソフトめんのような食感になっているのですが、昔から西の方ではよく売れている傾向にあります。またナポリタン、イタリアンをエリア別で売り分けているわけではないのですが、西では圧倒的に

「マ・マー ゆでスパゲッティ」の
「ナポリタン」と「イタリアン」

イタリアンの方が売れています」（株式会社日清製粉ウェルナ商品開発本部・担当者）

担当者の言う「西」とは、九州エリアも含めてのことを指す。関西はまず間違いなく焼きそば文化だ。塩崎省吾氏の著書『ソース焼きそばの謎』（ハヤカワ新書）では、関東の蒸し麺と違って、関西は茹で麺で焼きそばを作るのが主流だそうだが、いずれにせよ家庭で麺を焼いて食べる文化は根付いている。

そして九州だ。筆者は熊本県のローカルエリアで販売される常温タイプのソフトめんを二種類食べたことがある。

「ソフトスパゲティトマト味」（宮本産業株式会社）

「タカモリマルメイナポリタン」（五木食品株式会社）

熊本県は昔からソフト式スパゲッティめんの文化が根付いていたようだ。宮本産業は二〇二〇年の台風で被災し、廃業となってしまったが、長崎県島原市の株式会社小川屋がソフトスパゲッティ事業を継承し、製造販売を続けている。長崎県といえばちゃんぽん麺の文化もある。ちゃんぽん麺は茹で置き麺で、汁麺・炒め麺のどちらにも向いている。日清製粉ウェルナの担当者の言う通り、九州エリアで「マ・マー ゆでスパゲッティ」が売れているというのも頷ける。

イタリアンに戻ろう。担当者が言うには、関西圏ではナポリタンに比べイタリアンが圧倒的シェアなのだそうだ。販売当時の関西圏ではナポリタンはなんのこっちゃ？　というほどにイタリアンの呼び名が普通だったようだ。

前出のレシピが違う点については、マ・マーではナポリタンがトマトケチャップベースで甘みを出したもの、イタリアンはトマトがベースでコクを重視したものだ。このあたりをヒントに、この先何か新たな発見ができるだろうか。

京都「イノダコーヒ」のイタリアン

京都を訪れた。京都は喫茶店文化が深い。名古屋市のそれに比べ京都は純粋にコーヒーを愉しむタイプであり、それを裏付けるように京都に本社を置く老舗コーヒーメーカーがいくつもある。「**イノダコーヒ**」もその代表格だ。

京阪電車の祇園四条駅を降り、「イノダコーヒ本店」へと歩く。もっと近い行き方があっただろうが、いい散歩になった。

堺町通という道沿いにイノダコーヒ本店はある。この古き良き京都の風情を残した格子窓のある町家風の建物で朝食を、と洒落込んだ人々は朝七時からと早いオープン時間に合わせ続々と入店する。朝十時に訪れた時には約三十分待ちという行列を作っていた。一九四〇年に猪田七郎氏がこの地でコーヒーの輸入卸の商売を始めたのがイノダコーヒの創業にあたる。現在のコーヒーショップを開始したのは戦後の一九四七年からだ。

イノダコーヒは京都の六店舗（三条支店は二〇二四年秋リニューアルオープン予定）に加え、東京、横浜、広島にも各一店舗展開しているが、全ての店舗でスパゲッティメニューがある。

そして「イタリアン」だ。イタリアンは創業当初からメニューにあったわけではなく、一九六五年に四条支店がオープンしたタイミングでグランドメニューに取り入れられ、今日に至っている。

ひと晩寝かせた二・二㎜の太麺を使用し、玉ねぎ、ピーマン、マッシュルームに神奈川県茅ヶ崎市から取り寄せているというボンレスハムを具材とし、これらをバターで炒めるのが香り高い所以である。ナポリタンそのものではあるが、ここではイタリアンである。

「トマトケチャップを使用しないというのが当店の特徴です。オリジナルのトマトソースベースで仕上げたものなので、当店では『イタリアン』なのです」（株式会社イノダコーヒ本部事務所・目方雅也氏）

なんといってもイノダコーヒのイタリアンは銀洋箔の特注品で作った蓋付きのスパゲッティボウルで提供されるのが特徴的である。

「お客様の前で蓋を開けるというのは見た目にも楽しんでいただける、また蓋を開けた時の湯気とともに発する香りを楽しんでいただけるということで、当店のパフォーマンスの一つでもあります」（目方氏）

なぜ「イタリアン」なのか、ということについてはイノダコーヒの方々に伺ってもわからない、ということだった。ただ当時から西洋料理のレストラン出身の料理人を雇っていたようで、そのあたりがルーツになっている可能性は高い。

また、トマトケチャップではなくトマトベースというあたり、マ・マーの「ナポリタン」「イタリアン」にも通ずるものを感じ、何かを掴んだ気はする。

イタリアンを平らげ、ホットコーヒー「アラビアの真珠」をいただく。香り・コク・酸味が絶妙に合わさったコーヒーは砂糖とミルクを入れて完成するブレンドに仕上げている。

「喫茶店によってはブラックで美味しくなるようブレンドしているところもありますが、当店は創業当時から砂糖とミルクを入れることを推奨するスタイルです。イノダおすすめの定量でお召し上がりのお客様もいらっしゃれば、砂糖やミルクの量などお好みをお申し付けいただいている方もいらっしゃり、こういったリクエストはウェルカムでございまして、各店舗できる限り対応できるようオペレーションを組んでおります」（株式会社イノダコーヒ本部事務所・加来康子氏）

洋風のサロンのような空間で優雅にイタリアンを堪能し、アラビアの真珠で仕上がったところで、もう少しイタリアンの謎に迫ってみよう。

大阪・千日前の「純喫茶アメリカン」のイタリアン

大阪にやって来た。千日前は大阪では「ミナミ」に位置する賑やかなエリアだ。ちょっと歩けば難波、道頓堀など繁華街が続くコッテコテの大阪中心部である。そんな千日前商店街にあるのが「**純喫茶アメリカン**」である。創業八十年に近づく老舗喫茶店だ。現在は山野陸子氏、山野誠子氏姉妹が三代目として店を切り盛りしている。

一九四六年に山野勝次郎氏が「花月」という店名の食堂として創業。戦前、日本橋《にっぽんばし》にある黒門市場で「山野商店」として天ぷら屋を営み、近所の仕出し屋などへ天ぷらを卸すほど広く商売をしていたが、戦争により食用油が入手できなくなり、職を失う。失意の中、勝次郎氏の兄が営む食堂で仕入れの手伝いをしているうちに、兄のススメもあり、花月をオープンした。花月のオープン当初は戦後の敗戦の色が濃く、食糧難でお店のメニューも決まったものが出せず、その日手に入った食材からメニューを考えて提供していたという。

「食べ物が配給制だった頃でしたからね。うどん粉が入ったらうどんを出し、小豆が入ったら饅頭を作ったり、米粉が入ったら団子を作ったり。それでも当時は何を出しても飛ぶように売れたそうです」（陸子氏）

やがて人気店となり、店名を「純喫茶アメリカン」へと変更する。

「『モダン』とか『国際的』とかいうイメージで『アメリカン』になったのですが、何よりも電話帳で「ア」から始まると見つけやすいから『アメリカン』にしたそうです」（陸子氏）

一九六三年に現在のビルが建設され、一階・二階が喫茶スペースとなった。螺旋状の階段、ふかふかの絨毯など、優雅な内装となってゆく。何と言っても目立つのは煌びやかなシャンデリアだ。オリジナルのもので五十年前から存在する。毎年十二月の最初の休みの日に手入れをするという。

「『儲けは全部店につぎ込め』というお祖父さん（勝次郎氏）の意向で、シャンデリアとか絨毯とかには良いものを取り入れていました。今でもその思いは受け継いでいて、店内の花も毎週豪華に入れ替えしています」（誠子氏）

そんな建物と内装は、大阪市より「生きた建築ミュージアム・大阪セレクション」に選定された。

「儲けは店につぎ込め」という精神はメニューにも生かされ、ビーフカツサンドウィッチは取引のある精肉店で最適な部位を取り置きしてもらい、オムライスは上質な鶏肉にこだわり、トマトケチャップもオリジナルブレンドだという。

そして「イタリアンスパゲッティ」だ。オムライスにも使用されているオリジナルブレンドのトマトケチャップで味付けし、ハム、玉ねぎ、ピーマン、マッシュルームとベーシックな具材とともにしっかり炒めたタイプのものだ。しっかり炒めているから酸味よりも甘味とコクのある仕上がりとなり、シンプルではあるが毎日食べたくなる飽きのこない味だ。

「麺から何から、業者に提案してもらったものを試作して決めているので、材料は昔から一流品を使うてます」（陸子氏）

これは関東ではスパゲッティナポリタンというべきだと思うが、

「うちは最初から『イタリアン』でした。うちが最初というわけではないです。

その当時は周りにもイタリアンというのがあちこちにありましたからね。どこが最初なのかはわかりませんが、マ・マーでも『ナポリタン』『イタリアン』と二種類あるように、私たちも昔から関西ではナポリタンとは別もんのイタリアンスパゲッティというのを認識しています」

一九七〇年代頃の大阪ではイタリアンという呼び名が一般的であったことが窺える証言だ。

神戸「グリル一平」のマカロニイタリアン

京都、大阪と来たら三都物語で神戸も外せない。ましてや横浜と同じ港町。関西の洋食文化は神戸が発信地と思われるので、ちょっと探ってみよう。

神戸は新開地に**「グリル一平」**という洋食店がある。「マカロニイタリアン」というものが名物メニューの一つとなっているのだ。

グリル一平は新開地で創業者である横山カン氏が神戸のホテルや客船洋食で経

験のあるコックを五、六人集めて一九五二年に創業。翌年に株式会社一神《いっしん》として法人化された。社名の一は「始まり」や「一番」を表し、神は神戸から取った。親族を中心に西元町・元町・三宮・尼崎などに全六店舗をチェーン展開していたが、一九九〇年代初めまでに後継者問題などもあって、新開地本店のみとなる。

その新開地本店も一九九五年の阪神・淡路大震災で壊滅的な被害を受けてしまう。グリル一平の灯も消えかかっていた頃、新開地の人々は「神戸の洋食文化を消したらあかん！」と、有志でグリル一平のプレハブの仮店舗を建てた、というエピソードを持つ。その後、新開地本店は神戸新開地商店街のアーケード内に新装して持ち直し、三宮店・元町東店・西宮店の計四店舗に増やして現在に至る。

マカロニイタリアンはショートタイプのマカロニを二十分も茹でて冷蔵庫で寝かせたものに、ハンバーグと同じミンチを炒めて味を出し、玉ねぎ、ピーマン、マッシュルームといった具材を炒め、淡路島産の玉ねぎを大量に刻んで、あめ色になるまで炒めたものにカゴメトマトケチャップの特級を合わせた「レッドソース」を和え、熱々の鉄板に盛り付け、創業以来一切変えていないという伝統のデ

グリル一平のマカロニイタリアン

ミグラスソースを上にかけ、中心に生卵を落とし、粉チーズをかけたものだ。見た目以上に相当手間がかかっている。

立ちのぼる湯気の香り、マカロニを生卵と絡める悦び、熱々でプルプルとした食感、ミンチやデミグラスソースのコク、トマトケチャップや玉ねぎの甘み。グリル一平の七十年以上の歴史、そして日本の洋食の真髄を五感で感じることができる重要文化料理だ。この料理からインスピレーションを受けたというクレイジーケンバンドの「マカロニ・イタリアン」という曲が脳内を流れる。小野瀬雅生氏のギターソロがこのうま味による高揚感を表現していて素晴らしい。

マカロニを使用した一品料理といえば、マカロニグラタンしか思いつかない。これはなぜだろうと考えた時に、スパゲッティのようなロングパスタと違って盛り付けに見映えがしないからだろう。スパゲッティはトングを使ってねじるように盛り付けるとこんもりとした高さが出て、見た目としても美しさを演出するが、これがショートパスタであるマカロニでは上手くいかない。どうしても平たい盛り付けとなりがちである。なので全国的にみてもマカロニのようなショートパスタをグラタン以外で一品料理で提供するお店は本当に少ない。

だが、グリル一平は昭和時代からマカロニをグラタン以外でメイン料理として提供し続けている稀有な洋食店だ。それは何故か。二〇二一年にグリル一平の四代目となった山本憲吾氏はこう話す。

「単純に食感だと思います。神戸ではプルプルした食感が愛されています。特に長田《ながた》では『ぼっかけ』という、牛すじ肉とこんにゃくをトロトロになるまで煮た料理がありますし、ホルモン焼きもプルプルしていますよね。そういう文化が深い街だからこそ、マカロニイタリアンも愛されてきたのだと思います」

神戸でマカロニが愛されているのが地域的及び嗜好的理由だというのがわかった。

じゃあ何故イタリアンなのか、というのははっきりしないようだ。

「神戸界隈でも『イタリアン』と呼ぶことが主流でしたが、関東で『ナポリタン』が広まり、それに合わせる傾向はあるようです。グリル一平としてのマカロニイタリアン自体は創業当時のコック達がアイデアを持ち寄ってミンチを使うなどオリジナル性を出したものになっていますが、恐らくはそのコックの中に西洋料理としてのマカロニイタリアンやスパゲッティイタリアンのような料理を学んできた者がいたのだと思います」（山本氏）

神戸がルーツの「アンダンテ」（横浜・戸塚）のマカロニイタリアン

ナポリタンとイタリアンの東西問題について掘り下げている中で横浜へ戻る。実は神戸の「グリル一平」と関係はないものの、神戸がルーツの洋食店でグリル一平と同じく「マカロニイタリアン」を提供する洋食店がある。

ＪＲ戸塚駅西口から徒歩八分にある洋食店「**アンダンテ**」は、一九一四（大正三）年創業という老舗だ。名物は「ピカタライス」というもので、玉ねぎ、セロリの西洋野菜をベースに半熟卵が乗った洋風どんぶりといった風合い。このシンプルなメニューは唯一無二の味わいで人気を博している。

創業者の堀末キヨ氏は、神戸・新開地の洋食店で勤務しているうちに「料理のノウハウを全て覚えた」と、修業した新開地から名前を取って「新開亭」という洋食店を神戸市内に開業し独立したのが大正三年。その後一代で閉店するも、息子の寛一郎氏が横浜の客船洋食で修業し、横浜・伊勢佐木町に二代目となる「新開亭」をオープンした。戦争を経て、戦後は一九五九年に戸塚駅西口そばの商店街へ移転。「新開亭」という名前だとラーメン屋と間違えられるからと現名称「アンダンテ」へ変更し、二十数年前に戸塚駅西口再開発の影響で現在の地へ移転した。

「父がチャイコフスキーの『アンダンテ・カンタービレ』が好きで店名にしたようです」

そう話すのは寛一郎氏の娘で三代目店主となる髙橋みちよ氏。

「今のメニューはすべて父から引き継いだもので、新たに開発したメニューは一つもないのです」

全て寛一郎氏が客船洋食などで腕を磨く中で覚えたメニューで、その中の一つにマカロニイタリアンが含まれていたというのだ。

残念ながらマカロニイタリアンの命名のルーツはわからないそうだが、神戸のグリル一平とは直接の繋がりはないものの、ともに新開地をルーツに持っていて、マカロニイタリアンをメニューに取り入れているあたりに共通点がある。しかもグリル一平もアンダンテも創業者は女性というのも、もしかしたら新開地がかつて花街として多くの芸者が集まっていた歴史にも関係があるのかも知れない。

アンダンテのマカロニイタリアンの特徴は、グリル一平のマカロニ、いわゆるショートパスタとは異なり、市販でもなかなか入手しにくいロングタイプのマッケロンチーニというマカロニを使用している点だ。トマトベースの特製ソースでまとめられたものは刻んだハムとパセリがトッピングされている。この刻んだハムというのが心地よい。見た目はかなり太いうどんのようなものだが、口にすれば中の空洞を感じ、正真正銘のマカロニである。

二〇二四年で創業百十年、みちよ氏は八十四歳となる。みちよ氏の娘さんが四代目として後を継ぐ予定だという。マカロニイタリアンのマッケロンチーニはメーカー終売の知らせがあり、今後どうなるかわからないそうだ。歴史あるお店と味は貴重な文化遺産としていつまでも残っていて欲しいと祈るような気持ちである。

パスタメーカーが神戸に工場を置く背景

神戸はマカロニ文化が深いのか。パスタメーカーにいくつか話を聞いてみた。日本製麻株式会社ボルカノ食品事業部は、現在も神戸市が本社所在地だ。前出の通りスパゲッティの量産製造のパイオニアである。前身となる高橋マカロニは、一九二八年に兵庫県尼崎市で製造を開始したとあるが、あくまでその記録しか残っておらず、洋食業界との関係などは不明。唯一手がかりがありそうなのは、グリル一平がマカロニイタリアンで使用するマカロニがボルカノブランドであるということだ。

一九六九年には兵庫県南部の加古川市に工場を建設し、ＪＲ神戸線の車窓から「Volcano」の看板を目にすることができたそうだ。現在はスパゲッティの製造は富山県砺波市の一拠点のみとなっている。

日清製粉ウェルナのパスタ生産会社である「マ・マーマカロニ」では、宇都宮市と神戸市の二拠点で国内生産をしているが、スパゲッティ製造開始が一九五五年なので、グリル一平やアンダンテよりも後の話だ。近年は事業戦略的に海外に生産拠点を移すなどの事情もあり、現在の神戸の工場は冷凍食品の工場となっている。

「神戸がとりわけマカロニの消費量が多いというわけでもないですが、弊社が神戸に拠点を置いていたのは『港町』ということが大きかったのだと思います。輸入した小麦を直接船からサイロへ吸い上げるので」（株式会社日清製粉ウェルナ商品開発本部・担当者）

そういう意味では日本製麻も本来の事業であるコーヒー豆の麻袋などはまさに港ならではの製品であり、神戸に拠点を置く理由はそこにあるのだろう。

ナポリタン・イタリアン問題に神戸のマカロニ文化。手ごたえとしてはイマイチだったが、今度は過去の文献をいくつか紹介し、考察していこう。

日本郵船の『社船調度品由来抄』

日本郵船は、一九四二年に『社船調度品由来抄』という本を上・中・下の三巻にまとめて出版している。

これは戦局が怪しくなってきたことを危惧し、戦争が終結したのちに混乱のないよう、日本郵船が所有する船のあらゆる調度品をまとめたものである。

上巻は船用品について、中巻は和食について、そして下巻は洋食についての調度品がまとめられている。

下巻の洋食編では、マカロニの作り方が記されている。ロングタイプのスパゲッティから様々な形のショートパスタまで十六種類ほどの写真が掲載されている。八十年も前から、こんなにバリエーションがあったのかと驚く。気になる記述がある。

〝Semolina は小麦粉のグルーテンのみにして作りたるマカロニーにして、ダラム麦粉のグルーテン即ち Ferina にして製したるものを FerinaMacaroni と曰ふ。

此の兩者は共に純良なるマカロニーにして、クリーム黄の色を呈し之を調理するもよく形を保つ。〃

「ダラム麥粉」というのは恐らくデュラム小麦粉だと思われる。「クリーム黄の色を呈し」とあるのはデュラム小麦の比率が高いほど黄色くて良質であるということ。八十年以上も前から日本には「デュラムセモリナ一〇〇%のパスタこそ本物である」という認識があったのだ。

そしてこの書には各航路のコースメニューの内容も記されており、南米航路のランチメニューに「マカロニー伊太利式」というものがあったのだ。

「この『マカロニー伊太利式』のレシピについては残念ながら現時点で見つかっていません。トマトソースがベースなのかどうかも、ちょっとわからないのです」(日本郵船歴史博物館学芸員・遠藤あかね氏)

もしこれがトマトソースベースであるならば、先の項で述べたグリル一平とアンダンテのマカロニイタリアンはともに神戸ルーツであるものの、それは偶然の一致で、アンダンテの堀末寛一郎氏が客船洋食のコック時代に覚えたもの、それはこの「マカロニー伊太利式」からのアレンジだったという推測もできるのではないだろうか。

ドウタース・オブ・アメリカ委員『アメリカンレシピ』

アメリカに「Daughters of the American Revolution」という愛国女性団体があるが、かつては横浜市中区山下町にもその支部があったようで、一九三九年に「ドウタース・オブ・アメリカ委員」による編集で『アメリカンレシピ』という本が出版されている。印刷者は吉田二郎、印刷所・発行所はオデルス・サービス・ビューロー、販売所は吉川書店。それらの所在地はいずれも横浜市中区の外国人居留地だったエリア内となっている。恐らくは横浜の外国人居留地に住む外国人の奥様向けに作られた家庭料理のレシピ集なのだろう。

その名の通りアメリカ料理のレシピが多く記載されているのだが、「Italian Spaghetti」のレシピがある。

和訳もされており、メニュー名は「スページット」。製法についてはこうだ。

ベーコン六切位を鍋にて焼き、他の器に取り鍋の中へ玉葱一個を切りて入れ一寸いためトマト壷罐（又はキャムベルのトマトソース）を加へ二十分程煮込みます。

別にスページット（マカロニの細きもの）半箱を茹でゝ良く水を切り、上記のトマトと玉葱を加へ、焼いたベーコンを加へ、タバスコにて味を附けて供します。

此の中へ肉を加へ焼皿に入れ、其の上にチーズをすりおろしてかけ、天火に入れチーズを溶かして召上る方もあります。ベーコンの代りにハムも使ひます。タバスコは稀に用ひる物なれば略してもよろし。

これはまさにナポリタンそのものではないだろうか。タバスコを推奨しているところなどはアメリカらしくもある。

京都のイノダコーヒなどは比較的これに近いレシピなのだろうと思われる。

『荒田西洋料理』はイタリアンとナポリタンの両方記載

第一章で取り上げた荒田勇作氏が手がけた超大作『荒田西洋料理』の「仔牛・粉・御飯料理編」では、マカロニの項で「Macaroni Italian（マカロニのイタリヤ風）」と「Macaroni Napolitan（マカロニのナポーリ風）」と、イタリアン・ナポリタンの二つが存在し、スパゲッティの項においても「Spaghetti Italian（スパゲッティのイタリヤ風）」「Spaghetti Napolitan（スパゲッティのトマト和えナポーリ風）」と、イタリアン・ナポリタンの両方が存在しているのだ。

内容を見るとスパゲッティもマカロニもソースの内容は同じである。イタリアン、ナポリタンのどちらもトマトを使用したものであり、明確な違いはイタリアンは残り物の肉を使用、ナポリタンは「旧来のものはトマトの赤味を付けただけ」としているが、「ペパロニかサラミ・ソウセージなどを混ぜ合わせているところもある」としている。「ところもある」というのが、ナポリタンがフリースタイルな料理であることの表れかも知れない。あらゆるナポリタンが全国にある昨今、どちらのレシピで作っても「スパゲッティナポリタン」と言われればそうかと何の疑いもなく食べるだろう。そのくらいの違いだ。さらには「Spaghetti Mexican Style（スパゲッティのメキシコ風）」というレシピも存在し、そちらはトマトソースにピーマンを使用しているので、こちらの方がより日本式スパゲッティナポリタンに近いものである。第一章に登場した荒田氏の弟子・金子辰夫氏も独立前の修業時代にいた「キャッスル」でピーマンが入ると「メキシカン」と呼んでいたという証言を思い出した。

フランス料理はあくまで○○風というのが多く、創作の幅があるために作り手によって変えやすい部分もあるから、こうしてみると非常に混沌としている。

ナポリタン・イタリアン問題の筆者的結論

日本郵船の『社船調度品由来抄』のマカロニー伊太利式や、ドウタース・オブ・アメリカ委員『アメリカンレシピ』、そして『荒田西洋料理』に見るように、西日本エリアに散見されるスパゲッティイタリアンはスパゲッティナポリタンとは別のレシピから成り立っていったものであることで間違いなさそうだ。

筆者としては、関西のイタリアンは神戸から生まれたと推測する。

荒田氏が残した書籍にもあるように、ナポリタンとイタリアンは別々に存在したものの、関東では横浜のホテルニューグランドでスパゲッティナポリテーインが先に伝来し、アラカルト料理となって戦後アメリカのトマトケチャップが入り込みナポリタンへと進化したが、神戸ではアラカルトは後発となるため、スパゲッティよりもガロニの印象の強いマカロニの方がポピュラーだったのではないか。フランス料理としてホテルでのマカロニのイタリヤ風、あるいは日本郵船のマカロニー伊太利式あたりから伝来し、戦後は横浜と同様にアメリカのトマトケチャップが入り込むことによって、グリル一平のようなマカロニイタリアンが生まれ、一九五五年のパスタ元年以降に大阪や京都へスパゲッティイタリアンとして広がっていったのではないのだろうか。

関東でもトマトソースもしくはケチャップを用いたナポリタンをスパゲッティイタリアンとして提供するお店は少なくないが、その店のルーツがどこであるかによってメニュー名が決まったものだろう。

「関東がナポリタンなら関西はイタリアンや！」

そんな東西の対抗意識から生まれたわけではないということだけは言えそうだ。

名古屋にしても近畿地方にしても「イタリアン」をメニュー名にしているお店は創業から半世紀を超えているような老舗ばかりである。インターネットが普及した今、「イタリアン」と検索してみてほしい。きっとトップに「おすすめのイタリア料理」と出てくるだろう。本書で取り上げたような老舗のイタリアンは出てこない。「ナポリタン」で検索したほうが確実にヒットするのだ。だから名古屋でも近畿エリアでも、新しいお店はみんなナポリタンをメニュー名にする。イノダコーヒやグリル一平などのように人気もあり、法人格としているところではしばらくは続くだろうが、これから先はスパゲッティイタリアンと名乗るお店は確実に減っていくだろう。

第四章　ナポリタンの危機

グルメブームの草分け的存在となった伊丹十三『女たちよ！』（新潮文庫）

戦後昭和の洋食・喫茶店文化から、家庭料理まで赤く彩ってきたスパゲッティナポリタン。第一章で述べたように、バブル景気と重なる一九八〇年代の「グルメブーム」で、外食としてのナポリタンは大きな転換期を迎えた。これを「ナポリタンの危機」とする。

バブル景気という見栄の世界

バブル景気の頃、筆者はまだ子供であり、バブル景気の恩恵を直接的に受けたことはない。その恩恵を直接的に受けているであろうこの時代の大人たちが眩しく映っていた。松任谷由実の「サーフ天国、スキー天国」の世界をリアルに楽しんでいるような、プリンスホテルとその周辺のレジャー界隈、ＤＣブランド、西武ライオンズ、堤王国、しょうゆ顔、ソース顔。

言いたいことは、その当時の大人たちはそれなりに働き、それなりに結果を出しては、レジャーやその他諸々にそれなりに打ち込んでいて、キラキラして見えたということである。「それなり」と表現しているのは今は必死にやっても結果を出すのが難しい時代だもの、というバブル期以降に大人になった筆者の皮肉というか僻《ひが》みというか。

スキーやサーフィン、テニスにドライブなどのレジャーの一つ一つは「形」からキメる時代ではなかったのだろうか。スキーであればウエアはどこのブランドで、サーフボードはどこのブランドだとか、技術的な部分を磨いて競い合うことは「それなり」で、身に着けるものがどこのブランドかで競い合うことに重きを置いていたのではないか。もちろん、皆がそうではないとは思うのだが。

つまりバブル景気というのは見栄の世界だったのではないか。そこで生まれたグルメブームもやはりいかに見栄を張るかであり、フランス料理のような「形」を大事にし、そこそこお金もかけられる外食はまさにそういうことなのではないか。

グルメブームの始まりはファミリー層のファミレスから

バブル期の大人たちに憧れ、自分も大人になったら当然その世界を楽しむことができると信じていながら裏切られた世代の筆者。そんな筆者がバブルを語るとどうしてもひねくれた表現になるので、ここは専門家の文献をいくつか引用させていただく方が良い。

作家・生活史研究家である阿古真理氏の著書『日本外食全史』（亜紀書房）に、日本のグルメブームについての言及がある。

ブームはファミレス（ファミリーレストラン）の外食から始まる。中心となったのは戦中世代と団塊世代。産めよ増やせよと国から奨励された世代には兄弟も多く、その世代がそれぞれ結婚をし、子供をもうけて核家族を形成していた時代あたりがちょうど一九七〇年代後半から一九八〇年代（昭和五十～六十年代）。都会へ仕事を求め家庭を築き、郊外に家を建て、家電や自家用車を手に入れ豊かになった彼らは、休日の夜などには郊外に続々とオープンしたファミレスへと足を運ぶ。

筆者の世代はまさにその子供であった。団塊世代から数年後に生まれた父は中小企業の「機械屋」で、五年おきくらいには自家用車を買い替え、家電もそれなりのものを揃えていた。休日には「すかいらーく」や「デニーズ」へ外食へ連れて行ってもらった思い出がある。神奈川県民なので、もうワンランク上の「ハングリータイガー」などへ連れて行ってもらったこともある。今思えばそれはボーナスの時期なのだろう。珠玉の思い出だ。

祖父母から何らかのバックアップはあったにせよ、母を働きに出すこともなく男手一つで働き詰めた筆者の父。さすがに家を建てるほど裕福ではなかったが、そんな階級でも外食というのは盛んであったのは実感として残っている。

フランス料理の食べ歩きブームとその背景

一方で、筆者のようなファミリー層とは別に、子育てなどの手間を必要としないシングル層などを含めた自分の財布と時間を持つ女性には、フランス料理の食べ歩きがブームとなっていた。それは一九七〇年代の終わり頃からで、時代的にも「働く女性」が徐々に台頭していた時期となる。

女性向け、及び主婦向け雑誌でもレストランやシェフなどを紹介し、ブームをさらに過熱させた。『家庭画報』（世界文化社、一九五八年創刊）をはじめ、バブル期には『Ｈａｎａｋｏ』（マガジンハウス、一九八八年創刊）などが代表的である。

テレビにおいても『料理天国』（ＴＢＳ系、一九七五年開始）や『すばらしい味の世界』（テレビ東京、一九七七年開始）、『料理バンザイ！』（テレビ朝日系、一九八二年開始）、『味の招待席』（朝日放送、一九八〇年開始）など、フランス料理をはじめとしたグルメの楽しみを伝える番組が多く現れた。

背景には一九六四年の海外旅行自由化に伴い、多くの料理人がフランスへ修業目的で渡航するようになって、帰国組が続々と自分の店をオープンしたことがある。その帰国組が最も活躍していた一九八〇年代に世の女性たちがグルメの楽しさに気付き始め、ブームへと繋がった、と阿古氏は綴っている。

バブル期のイタ飯ブーム、スパゲッティからパスタへ

阿古氏は一九九〇年代の「イタ飯ブーム」についても解説している。

こちらもフランス料理の食べ歩きブームのきっかけと同じく、修業で渡航した帰国組の出店が続いたことがブームの要因とされている。

一九八〇年代後半あたりからイタリアへ料理修業に渡航した料理人の帰国組の出店が相次ぎ、本場の味を楽しめるようになっていく。

一九九〇年代はバブル経済が崩壊して、バブル期同様にフランス料理を楽しむには敷居が高くなり、カジュアルなイメージを持つイタリア料理に人気が集まっていった、としている。フランス料理も低価格志向の波にのまれ、ビストロやカフェなどというカジュアルな路線が人気を集めていく。

そしてスパゲッティである。帰国組の流れ以前に、たらこスパゲッティなどで

有名な「壁の穴」は一九五三年から東京・渋谷区に存在していたが、一九七六年には大阪に進出、「洋麺屋五右衛門」は一九七六年に一号店ができるなど、ナポリタンかミートソースしか知らなかった昭和の人々に様々なスパゲッティ料理を知らせていくこととなっていた。

そしてこのイタ飯ブームでは、スパゲッティにもいろいろな種類があることを教えられる。細いものや平べったいものがあり、それらにはそれぞれの名前が存在していること。マカロニにしても蝶型や螺旋状のものがあって、それらにもそれぞれの名前があることを。

この当時中学生だった筆者は、母がミートソースに何層もの紙のようなものを敷き詰めていたのを目にしたことがある。パイでも作るのかと思ってみていたが、それが「ラザニア」であることを知らされた。どこで覚えたんだか。

麺状のものを「ロングパスタ」といい、マカロニと呼んでいたものは「ショートパスタ」といい、全てを総称して「パスタ」なのだと知らされるのであった。

この頃からスパゲッティはパスタへと呼称が変わり、それぞれの形状の呼び方について細分化されたのがこのイタ飯ブームだったと思われる。

モータースポーツ最高峰のF1レースでは、一九九〇年頃、軟弱チーム「ミナルディ」にパオロ・バリッラというドライバーがいたが、あのパスタメーカー「バリラ」の御曹司であるということで知られた。日本ではまだ知られていなかったメーカーだった。ドライビングテクニックよりも金がモノを言うF1の世界。パオロ氏は現在はバリラ社の役員であるという。

一九九三年のプロ化で人気が出たサッカー界では、「キングカズ」三浦知良が一九九四年にイタリアのプロサッカーリーグ・セリエA「ジェノア」へ移籍。本拠地ジェノヴァでは、バジルをふんだんに使用したスパゲッティ（ジェノベーゼ）が有名というのを筆者が知ったのは、カズのセリエA挑戦がきっかけだった。

こういったスポーツ界の情報もイタリアという国の食文化をより近づけた。

早いうちからアルデンテを世に広めた伊丹十三氏

そして、グルメブームを語るうえで欠かせない人物が、俳優であり映画監督でありエッセイストでもあった伊丹十三氏だ。

食通として知られた伊丹氏は一九六八年『女たちよ！』（新潮文庫）という本を上梓した。氏の様々な経験から、男として、大人としてどういう振る舞いをすべきか、そんな人生論的エッセイで、いろいろな物事の愉しみ方、嗜み方が指南されたものであるが、その中に「スパゲッティのおいしい召し上り方」という項がある。

一九〇〇年代初頭に永井荷風や夏目漱石といった小説家たちがそれぞれの作品で「マカロニー」というものに興味を示したことなどから始まるが、そこから先は耳が痛い。要は永井荷風や夏目漱石の時代から六十年以上経ってもスパゲッティの正しい調理法や食べ方が日本には確立されておらず、筆者の大好きなスパゲッティナポリタンを、日本の洋食を根本から否定してしまっているのだ。

文明の輸入はイギリス型（包容型）とフランス型（吸収型）の大きく二つに分かれるという。イギリスの包容型とは、スパゲッティはイタリア人が作るものと決まっているという、植民地経営者としての感覚が現れているのに対し、フランスの吸収型は、自分の舌が絶対という自信で、素朴なイタリア料理をフランス料理にアレンジしてしまうということだそうだ。なるほどナポリタンの歴史の章でもスパゲッティナポリテーインはその典型であるということである。

日本はどちらの型に当てはまるのか。それは「頑固な吸収型」という。それも吸収型のうんと貧しい後発的な奴とまで言い放っている。

伊丹氏は日本でもイタリア料理の店やスパゲッティの店は数知れず（一九六八年当時）としつつも、そのほとんどが「炒め饂飩《うどん》の域を出ない」と、相当不満を持っているようで、次のように述べている。

〝なにゆえに日本人はスパゲッティに鶏やハムや海老やマシュルームを入れてトマト・ケチャップで和えるようなことをするのか。〟

〝日本の洋食というのは「一品料理」なんだよ。一品だけ食べて満足しなければならんのだよ。つまり貧しいんだよ。ね、だからトマト・ケチャップなんかが好きなんだよ。あの甘ったるい、貧しい味が大好きなんだよ。困ってしまう。〟

さらには章の締めくくりでも、こう述べている。

〝日本の洋食屋のスパゲッティに思いをいたしていただきたい。茹ですぎたスパゲッティの水を切って、フライパンに入れ、いろんな具を入れてトマト・ケチャップで炒める。（中略）これをあなたはスパゲッティと呼ぶ勇気があるのか。ある、というなら私はもうあなたと口をききたくない。〟

筆者は貧しい人間だ。伊丹氏が存命であったら、口をきいてもらえないだろう。伊丹氏の記述はちょっと悔しいが、これらにはいくつかのポイントが見られる。

・東京の「ロメスパ」（233ページ参照）は一九六〇年代から続々と出店し、この本での「炒め饂飩の域を出ない」とある一九六八年当時はロメスパも定着し全盛期を迎えていたと思われる

・日本のスパゲッティナポリタンはフランス料理のスパゲッティナポリテーイン

から派生したものだが、伊丹氏はそれを知っているかどうかはわからないがフランスも日本も同じ文明の吸収型であるとしている

・日本の洋食は一品料理という批判をしているが、この文化はホテルニューグランドがもたらしたものである

伊丹氏は、日本ではフランス料理の文化は成熟しつつもイタリア料理、スパゲッティ料理についてはフランス料理の域を出ておらず、しかも日本式になりきってしまいつつある一九六八年当時の状況を憂いていたのだと思われる。日本で誰が最初に「アルデンテ」という言葉を広めたのかは知らないが、一九六八年当時の伊丹氏は既にこの本でアルデンテとはどういうものなのかも詳細に記述している。

イタ飯ブームは、阿古真理氏の『日本外食全史』から一九七〇年前後に大勢の日本人料理人がイタリアへ修業に渡り、一九八〇年代後半にその帰国組が相次いで出店することでブームになったと述べたが、彼らが修業に渡った時期と伊丹氏

のこの著書が出た時期が重なる。伊丹氏の著書からインスパイアされたか、伊丹氏と同じく日本におけるイタリア料理の実情に思うところがあった者がこの当時に少なくなかったのだろう。

このような背景から見ると、グルメブームはバブル期に生まれたのではなく、戦後高度経済成長期から少しずつ料理人や文化人が下地を作って、バブル期に大きく花開いた。そういう解釈がベストなのかも知れない。そしてイタ飯ブームが間違いなくスパゲッティナポリタンを一層異質なスパゲッティ料理へと追いやってしまった。

一般社団法人「日本パスタ協会」

日本では戦後の早いうちからスパゲッティ製造の業界団体が結成されていた。

一九四二年に制定された食糧管理法の下で、終戦直後は麦については国による直接統制がなされていた。終戦後一九四六年にはマカロニ類販売価格の政府統制額の指定がなされ、一九四七年にはめん類の政府委託加工制度が始まる。

これらの流れを機に、業界として原材料の割り当てや政府からの委託加工を円滑に進めるため一九四七年に最初の業界団体「東日本マカロニ協会」「関西マカロニ工業会」が結成される。

その後一九五一年に東日本マカロニ協会が「全日本マカロニ協会」へ改称し、より全国的な組織創設を目指す（この時に関西マカロニ工業会は合同とはならなかった）。「パスタ元年」と言われる一九五五年に「日本マカロニ協会」に改称、翌年には関西マカロニ工業会も統合して改めて「全日本マカロニ協会」として再出発する。任意団体ではあったが全国十六社が加盟する全国組織となった。その後スパゲッティ製造が全国で盛んになるが、粗悪品なども横行したため、一九六一年に自主規格である「マカロニ、スパゲッティ類規格」を制定した。のちの「日本農林規格（ＪＡＳ）」に繋がる動きである。

更なる活動への機運が高まった一九七二年に「社団法人全日本マカロニ協会」と法人化され、翌年にはＪＡＳの格付機関にもなった。

ＪＡＳ上ではスパゲッティ類も含めて「マカロニ類」と分類されている。古くから「スパゲッティ」よりも「マカロニ」の方が一般的で、スパゲッティを「ロングマカロニ」と呼んでいたくらいだ。

現在もＪＡＳ上ではマカロニ類はスパゲッティも含めたものに変わりはないが、全日本マカロニ協会は二〇〇二年に「一般社団法人日本パスタ協会」へと改称している。二十一世紀は、スパゲッティもマカロニも誰もが疑うことなく「パスタ」と呼ぶ時代になっていた。

ナポリタンはどうして危機的状況に陥ったのか

パスタ全盛時代。どうしてもスパゲッティナポリタンを「パスタ」の一種とは分類しづらかった。このあたりがナポリタンを窮地に追い込んだ背景にもあると思うが、なぜナポリタンが危機的状況に追い込まれたのか。ここからは主となる原因を三つ挙げ、それぞれを筆者なりに考察してみる。

①グローバル化によるナポリタンのガラパゴス化

グルメブームは、フランス料理をはじめ各国の食文化を我々日本人に植え付け、食のグローバル化を進めた。

特に「イタ飯ブーム」は大きな影響を与えることとなった。「サイゼリヤ」が本物のイタリア料理をリーズナブルな値段で全国で食べさせてくれるまでに定着した例を見れば明らかであろう。

スパゲッティナポリタンはフランス料理のスパゲッティナポリテーィンから日本式に発展した料理である。ホテルニューグランドのそれは、ホテルでいただくにふさわしい上品なトマトソースベースであるが、町場の洋食屋や喫茶店などの多くはトマトケチャップを用いるものであり、フランス料理でもイタリア料理でもない、完全に日本人向けのもので、そこから海外へ広がることもなく、ガラパゴス料理となってしまっている。

イタ飯ブームで本格的なイタリア料理店が増え、人々はそこに足を運んではスパゲッティカルボナーラやジェノベーゼスパゲッティなど、様々なスパゲッティ料理を楽しむこととなる。その過程で、イタリア料理のメニューにスパゲッティナポリタンの文字がないことに気付くのである。そして同時にスパゲッティの茹でたてのわずかに芯が残るかどうかの絶妙な食感、「アルデンテ」という言葉も覚えることとなるのだ。

アルデンテという概念がなかった時代、当時日本人に好まれたうどんのような食感を求めて茹でた麺を冷蔵庫で一晩寝かすという工程は、ナポリタンだけのものとなってしまい、茹でたて麺を迅速に提供するイタリア料理店ではメニューに入れると手間が増えるだけである。

またトマトソースが生命線とも言えるイタリア料理店でトマトケチャップを用いること、それを前面に出してしまうことは、その店の根幹を揺らがせかねないだろう。

「フランス料理でもガロニとしてスパゲッティを用いることは今はあまりなくなりましたね」

と、ホテルニューグランド名誉総料理長の宇佐神茂氏も話すように、グルメブームにおけるフランス料理の世界でも、イタ飯ブームで急速にスパゲッティ料理が発展し、人々がいろいろな知識を持ってしまった以上、わざわざガロニにスパゲッティを付けるようなことをするよりは、フランス料理はフランス料理としてさらに文化を深めていったのだろう。

スパゲッティナポリタンは、こうしたガラパゴス化によって危機的状況となった。

②外食産業のチェーン展開、個人店の衰退

グルメブームは人々に外食の楽しさをもたらした。一九七〇年に府中で「すかいらーく」一号店が、一九七四年に「デニーズ」一号店が産声を上げ、ファミリーレストランが核家族の週末に愛されるようになった。さらに、一九八五年の男女雇用機会均等法の制定などで人々の生活は多様化し、外食そのものが必要不

可欠なものとなって、外食産業のチェーン店化がますます発展した。

一方で個人営業の飲食店がチェーン店の波にのまれ、減少していく。

喫茶店に関して言えば、厚生労働省が二〇一六年に発表した「喫茶店営業の実態と経営改善の方策」によると、一九八六年に約十五万軒もあった喫茶店の事業者数が、二〇一二年には約七万軒にまで減少している。この二十六年の間に日本の喫茶店が半分以上も閉店しているのだ。

バブル崩壊やその後の度重なる平成不況でビジネス利用が減っていったことも背景にあるだろう。

しかしながら、一九九〇年に原宿で一号店をオープンさせた「ドトールコーヒーショップ」はそんな中でも順調に店舗数を伸ばし、いまや千店舗を超える。一九九六年に日本に上陸した「スターバックスコーヒー」も国内二千店舗に迫る勢いだ。この二つはどちらもセルフ式コーヒーショップと呼ばれるもので、カウンターで注文してさっと提供されるという、ゆったり時間が流れる従来の純喫茶のような形態とは異なる。このあたりに社会の変化というのも見えてくる。

喫茶店自体の数が減る中でチェーン店の店舗が増えているということは、個人営業の喫茶店はさらに厳しい状況に追い込まれているのが窺える。喫茶店のナポリタンを食べられる機会は、今こうしている間にもどんどん減っている。

③家庭料理（内食）として手軽にできることと中食事業の充実

スパゲッティナポリタンはトマトケチャップとスパゲッティがあれば、あとは何か具材を加えることで成立してしまう料理と言っても過言ではない。スーパーマーケットへ行けば、トマトケチャップとスパゲッティのコーナーは間違いなくあり、パスタソースのコーナーには茹でたスパゲッティに和えるだけのナポリタンソースもある。チルド麺のコーナーには茹でてあるものにシーズニングが付いたものもあり、冷凍食品コーナーにはレンジでチンするだけのナポリタンもある。家庭料理（内食）として手軽にナポリタンを楽しめる土壌が出来上がっている。

日清製粉ウェルナでは一九八三年から常温タイプの「マ・マー ゆでスパゲッ

ティ」のナポリタンを販売していることを前章で述べたが、ナポリタンのソースや冷凍食品のナポリタンを本格的に販売したのは一九九〇年代後半になってからだ。

一九八〇年代後半までは、スパゲッティナポリタンは外食で食べるか、家庭ではトマトケチャップを使用して作られるかの選択肢だけだったという。一方、ミートソースに関しては既に缶詰として販売されていたので、同じようにナポリタンソースを缶詰で販売したところなかなか売れなかった。そこで、「じゃあトマトケチャップと同じチューブ型にしたらどうか」と一九九〇年代末期に発売されたのが「マ・マー 具入りケチャッピーナポリタン」だった。この戦略は当たり、四半世紀経った現在までロングセラーとなっている。冷凍食品でもワンディッシュタイプのパスタを出そうとナポリタンから始めたところ、こちらもロングセラーとなっている。

外食と内食の中間に位置する中食においても、コンビニエンスストアの弁当コーナーをのぞけば、間違いなくナポリタンは置いてある。スーパーマーケットの総菜コーナーをのぞいてもナポリタンがある。神奈川県発祥のスーパーマーケット「ロピア」では「小林さんちのナポリタン（超絶ミートソース）」がボリューミーで良い。持ち帰り弁当の「ほっともっと」でも最近まで「ファミリーナポリタン」というのがあった。焼肉バイキングの「すたみな太郎」でも、コロナ禍で外食が敬遠されがちだった期間に「爆盛1・6kgナポリタン」をテイクアウト販売していた。

ナポリタンは内食・中食業界ではかなり存在感を出しているが、その充実ぶりがかえって「別に外でナポリタンを食べなくてもね」という心理に繋がっていってしまった背景もあるのではないかと思う。

グルメブームの功罪とさらなるガラパゴス化

以上の御託を並べてはみたが、グルメブームが正しい外国料理を示したのかと言えば、実はまだそうでもなかったのだ。

グルメブームと同時期にアニメ化もし大ヒットした『美味しんぼ』(小学館ビッグコミックスピリッツ刊)の第二十五巻「対決!!スパゲッティ」ではカルボナーラのシーンが出てくるが、それは生クリームを使用したものである。しかし、本場・イタリアのローマ式カルボナーラは生クリームを使用せず、オリーブ油と麺のタンパク質、そして水分が絶妙に合わさったことによる「乳化」によってクリーミーに仕上げるものである。いつからかはわからないが、ここ数年生クリームを使用しない本格的なカルボナーラをレストランなどでよく見かけるようになった。

生クリームのカルボナーラは、スパゲッティナポリタン同様にガラパゴス化したと言える。ただ現在においてはまだ多くの人々に愛されているものであり、何十年かしたら絶滅危惧種の料理として珍重されるかも知れない。まあでも生クリームは美味しいからね。

また、前述した伊丹十三氏の映画監督としての作品である『タンポポ』は、メインは売れないラーメン屋の女将を何とかしようというストーリーだが、基本的にはオムニバス形式で食に関する人間模様を描いている。

そこには、いかにもな品のあるレストランでマダムたちを集め、岡田茉莉子扮するいかにもな女性が「スパゲッティの正しい食べ方」を指南するシーンがある。

「フォークにスパゲッティーを三本か四本引っかけるようにして、左手のスプーンの中で静か〜に巻いていきます」

イタリアではスパゲッティを食べる時にスプーンは使わないそうだ。日本では今でもスパゲッティを提供する店では当たり前のようにスプーンも付いてくる。これは日本独自の文化と言える。

「絶対にスパゲッティは音を立てて啜ってはいけません！」

という傍らで、一人で食事している外国人客が豪快に音を立ててスパゲッティを啜っている。それを見たマダムたちは一斉にズルズルと音を立ててスパゲッティを啜る。

伊丹氏はグルメブームに対していかにもな体で正しくない情報を教えている者に対する皮肉を描いた。著書『女たちよ！』では本物のスパゲッティはこうあるべきだと述べたものの、その約二十年後に起きたグルメブームについては映画監督として乗っかりつつも、やや一歩引いたスタンスで眺めている様子が窺えるシーンであった。

一九八〇年代後半のグルメブームは、食のグローバル化を広めたが、このように正しくない情報や、日本式にアレンジしてしまったものも存在した。二〇〇〇年代のＩＴ革命からスマフォ全盛期となって、真のグローバル化が進み、誰もが料理に対するより正しい情報収集ができるようになることで、人々は海外の料理に対して「より本物」を求めるようになった。

〝日本人は真似の天才であるという。なにが、なにが。本物を知らないからそんな甘ったれたことがいえるのだ。遠慮することはない。できるんだったら、もっともっと真似を押し進めて、ついには本物を凌駕するところまでいけばいいじゃないか。〟

伊丹氏が『女たちよ！』でこう述べてから半世紀以上経った今、ようやく日本のグルメ界隈はそんな時代に来ている。

裏切りのミートソースと〝原点回帰〟のナポリタン

グルメブーム、すなわちイタ飯ブームによって日本式スパゲッティ料理のナポリタンが「迫害」されたわけであるが、同じく日本式スパゲッティとしてナポリタンと双璧の存在であったミートソースはどうだったのか。

イタ飯ブームが来るまでは、外食で食べることのできるスパゲッティ料理と言えば、余程の専門店でない限り、ナポリタンかミートソースしか選択肢がなかったよね、なんて今の四十代から上の世代の人からよく出てくる言葉だ。

ナポリタンは戦後進駐軍がスパゲッティをトマトケチャップで和えているのを見てヒントを得た料理だが、上野玲氏の『ナポリタン』（小学館文庫）によればアメリカにナポリタンという料理はなく、アメリカにはスパゲッティミートボールがある。

アメリカのデリなどでもメニューにあり、家庭料理としても古くからの歴史を持つ。戦後長らく横浜の本牧《ほんもく》というエリアは米軍の住宅地として接収されていたが、その界隈にあった「ベニス」や「リキシャルーム」などはアメリカ文化に影響を受けた店たちであり、アメリカ式スパゲッティ料理のミートボールスパゲッティがメニューとして存在していた。

トマトソースにゴロゴロとミートボールが乗る。このトマトソースには作る人によってはミートソースであったり、トマトケチャップも入っている場合もあったのかも知れない。で、筆者はこのミートボールを皿の上で潰せばミートソースになるよ、と人から聞いたことがある。

ミートボールスパゲッティはあまり日本では普及しなかったが、ナポリタンとミートソースは双璧をなし日本の食文化となった。逆に長い間スパゲッティ料理は進化しなかったとネガティブに捉えることもできる。

しかしながら何故かこのミートソーススパゲッティはイタ飯ブーム以降、衰退したとか、ナポリタンのようなトホホ話は聞かない。

イタリアにはスパゲッティボロネーゼという本場ボローニャ発祥の料理がある。これがミートソーススパゲッティとよく似た料理であるが、ボロネーゼがトマトペーストを使用したものに対し、ミートソースはトマトケチャップを使用している。

日本のミートソーススパゲッティが衰退したとかの話を聞かないのは、ミートソース自身がボロネーゼへと鞍替えしたということだ。さらには「ラグー」などとしゃらくさい言葉にまで成り上がって、完全に「あっちへ」行ってしまったのだ。

ナポリタンは、「同志」からも裏切られたのである。

では、スパゲッティナポリタンはますます絶滅危惧種になったのか。いや、そういうことでもない。

確かに外食でナポリタンが食べられる機会は減少しただろう。だがマ・マーブランドをはじめとした内食事業は充実しており、家庭などでは作られていて、コンビニ弁当ではナポリタンが長年店頭に並び続けている。

そして定食屋では、メインにハンバーグ、とんかつ、生姜焼き、チキンソテー、まあいろいろあるだろうが、ガロニ（付け合わせ）としてナポリタンがちょこんと存在し続けていたではないか。

これは「ガロスパ（ガロニのスパゲッティ）」と言われ、定食評論家の今柊二氏に言わせれば、

「あの付け合わせのナポリタンが生姜焼きのタレだったり、ハンバーグのソースと交わる美味さ。あれは一皿の中でだからこそ演出される絶妙な『汽水域』なのです」

第一章のナポリタンの歴史で述べたように、元々はスパゲッティナポリテーインはガロニでの存在から生まれたものなのだ。

だからこそ、スパゲッティナポリタンは、一時的に〝古巣〟である「ガロスパ」へ原点回帰し、「来るべきその日」に備えていたのかも知れない。

そして、二〇〇〇年代後半にスパゲッティナポリタンの名誉回復、すなわち復活の時を迎えるのである。

第五章

ナポリタンの復活〜ナポリタンを止めるな〜

「珈琲専門店山百合」のやんばるナポリタン

ナポリタンの危機は、二〇〇〇年代後半あたりから様々な課題を残しつつも脱出の傾向にあると筆者はみている。そこには様々な時代背景や、昭和時代やグルメブーム時代よりもはるかに情報処理が進むデジタルな時代がもたらしたものの功績、一人一台の携帯電話を持つ時代からスマフォ全盛になっても決して豊かになったとは感じない人々の古き良き時代への回帰思想、古くても良いものは文化として残そうという人々の取り組みなどがある。いわゆる食文化として「ナポリタンを止めるな！」ということである。

本章はそういった時代の流れや人々にスポットを当て、ナポリタンの復活ストーリーを綴る。

ブロガー、インフルエンサーの出現

二〇〇〇年代中盤、インターネットで「ブログ」が現れた。「Web に Log する」の「Weblog」を略して「blog」、つまりはインターネット上で誰もが日記を書いて全世界へ公開することが可能になった。

日記の内容は人それぞれである。特に趣味性の高い内容のブログは充実し、同じ趣味同士での情報交換などのコミュニティーも生まれた。グルメ系、食べ歩き系のブログはかなり多いのではないかと思う。

ナポリタンをテーマにブログを書く人も増えた。それを見て、俺も私も行ってみよう、我が家の近くにもいいお店はあるのではないか、そんなマイクロツーリズムが増えたように思う。

全国、時には世界のナポリタンをレポートするパイオニア・イートナポ氏

ナポリタンの魅力を発信するインフルエンサーとしてのパイオニアと言えば、イートナポ（eat napo）氏である。

「ブロガー」が市民権を獲得したあたりの二〇〇七年より「ナポリタン×ナポリタン」というブログを主宰している。

今日まで食べ歩いたスパゲッティナポリタンは二千七百食（二〇二四年三月現在）にものぼる。

「新橋の喫茶店『ポンヌフ』でナポリタンの魅力にハマり、その後、駅を挟んで反対口にある『喫茶室ポワ』のナポリタンで完全に虜になってしまいました。最初に出会った二皿が記録するきっかけになったのです」（イートナポ氏）

会社勤めのかたわら全国のナポリタン（たまに海外のナポリタンっぽいものも）をストイックに食べ歩く。何故にそこまでナポリタンに取り憑かれるのか。

「一つは『違いがなさそうで違いがある』からです。みんなが頭に思い描くナポリタンも、実はちょっとずつ違っているはずです。そんなフリースタイルな料理がナポリタンの魅力だと思うし、面白いところだと思います。二つ目は『ナポリタンは健康食』だからです。トマトケチャップに野菜を使ったナポリタンは健康にも良いはずです」（イートナポ氏）

この二つは筆者も同感だ。同じように見えるナポリタンでも、トマトケチャップの銘柄でも違うし、あるいはトマトソースベースであったりする。炒め油でも変わってくるし、具材もそれぞれだ。筆者もそんな細かな「違い」に面白さを見出した一人である。また健康食という意見についても同感で、トマトケチャップもトマトソースもいったい何個のトマトを煮詰めたものだろうか。そう考えるとスパゲッティナポリタンは想像以上に野菜が摂取できる料理だと思う。ブログではあれだけナポリタンを食べているのに、イートナポ氏はスマートな体型だ。本人が何かしら努力している部分もあるだろうが、そんなに太りやすい食べ物でもないはずだ。

「ナポリタン × ナポリタン」でのイートナポ氏のレポートを拝見していると、ナポリタンの特徴について独特の表現方法がある。それが「シャツに飛ぶ系、飛ばない系」などである。その店のソースの状態がどんなものであるか、実にわかりやすい。

「分類してみるといろいろありますね。沖縄式(沖縄そばを使用している)、名古屋式(鉄板に卵)の『古くから地域系譜』や、つけナポリタンや大宮ナポリタンなどの『ご当地グルメ分類系譜』、あとはもう少し細かくすると『お皿の淵に太い輪が描かれている系』だとか。具材の分類だと肉系の具による違い（ハム・ベーコン・ウインナーまたは海鮮系）、後は『ぱぴぷぺぽ』が店名に入っていると美味しい可能性が高いですね」

人々へ発信しているという使命感よりも、イートナポ氏自身が楽しんでいるということが伝わってくる。

古き良き喫茶店や洋食店が減少している昨今において、スパゲッティナポリタンはこれからどうなっていくのか、イートナポ氏に聞いてみた。

「『麺をケチャップで炒めればナポリタン』『作った人がナポリタンだと言えばナポリタン』という位フリースタイルな料理ですから、日本からなくなることはないと思います。『不純喫茶ドープ』（東京都中野区にあるいわゆる『不純喫茶』）などのニュースタイルな喫茶店でもナポリタンを提供されていたりしますので、これからもナポリタンは紡がれていくと思います」

近年はイートナポ氏自身が忙しいこともあってナポリタンを食べる頻度は減っているというが、情報収集は欠かさないという。

「忙しくてもいつも必ず頭の片隅にはナポリタンがいるので、腐れ縁のような関係です。ナポリタンの道に一度足を踏み入れると逃げられなくなってしまいます。ブログ開設当初はナポリタン情報をネットで調べようとしても、ヒットしないことが多かったですが、近年はいろいろな人たちがナポリタンを食べ歩くようになったので、いろいろな場所のナポリタンを調べやすくなって嬉しいです。生涯であとどれだけナポリタンを食べるのかわかりませんが、ひとまずは三千食を達成したいと思っています」

「ネオナポリタン」提唱者「マスクドナポリタン」という謎多き男の軌跡

この人もナポリタンのインフルエンサーの一人かも知れない。

マスクドナポリタン。

覆面のプロレスラーさながらのマスク姿のおじさん。一見ちょっと面倒臭そうだが、いろいろワケがあるようで、ナポリタンを愛しているのは間違いなさそうだ。

実は「マンマミーア中島」として過去にナポリタンについて実績を持つ人物である。

「とある昔、東京都は八王子駅近くで洋食バルを経営していました。そこで八王子市役所観光課の方と雑談をしていたら、八王子市の観光の悩みどころが見えてきたのです。『八王子市の貴重な観光資源・高尾山が点でしか成立していない』、つまりは高尾山までのアクセスが良いから人気スポットとなってはいるけれど、アクセスが良い故にそのまま帰ってしまい、中心市街地まで経済効果が及んでいないという現実が見えてきたのです」（マスクドナポリタン氏）

八王子は大学・専門学校も多く「学生の街」という一面があるから、学生が限られた小遣いで腹一杯になるものは何かと言ったらナポリタンではないかと感じ、ナポリタンをご当地グルメにしよう！　そう考えたマスクドナポリタン、いや、当時のマンマミーア中島氏は二〇一四年に「八王子ナポリタン」を生み出した。

「『十年後のソウルフード』『ナポリタン日本一の街』を目指して、八王子市内の

飲食店に声をかけまくりました。そして五十店舗が集まり、スタートしたのです」（マスクドナポリタン氏）

八王子市には既に『八王子ラーメン』という刻み玉ねぎのトッピングが特徴的なご当地ラーメンが存在していた。それにインスパイアされてナポリタンの上に刻み玉ねぎを散らしたものが「八王子ナポリタン」である。

中島氏の尽力は実を結び、八王子市内の小中学校の給食に採用されたり、サークルKサンクス（現在はファミリーマートへブランド統合）での商品監修、日清食品のカップ麺として採用されるなど、それはまさに飛ぶ鳥を落とす勢いだった。

八王子ナポリタンは注目され、メディアでも度々取り上げられたが、その窓口がどうしても発案者である中島氏に集中してしまった。取り上げられるのは常に中島氏のお店。五十店舗もの賛同者を集めてスタートしただけに、やはり少なからずやっかみのようなものが生まれてしまう。

このままでは八王子ナポリタンの提供店がメリットを感じられずシラけてしまい全体の温度が下がってしまうと危惧した中島氏は、ＰＲキャラクター「マスクドナポリタン」を作製し、五十の各店舗でそれを使い回して「ガチャピン方式」で自店にいれば、マスクドナポリタン目当てでメディア対応が各店舗に分散するのではないかと考えたのだ。

しかし好事魔多し。このマスクの完成直後、「八王子ナポリタン」が商標登録され、中島氏が触れることのできないご当地グルメになってしまったのである。

「『マスクドナポリタン』も頓挫し、これだけは私のソロで活動できるものとなったわけです。魂を込めて取り組んでいた八王子ナポリタンから身を引かざるを得ない状況に陥って、すっかり鬱状態になってしまいました」

現在はナポリタンを提供している飲食店に行って食事し、SNSで発信するのが中心であるが、いつの日か従来の王道ナポリタンにプラスアルファの要素を加えたナポリタンを世の中に発信できる未来を夢見ていると言う。

その中でマスクドナポリタンが提唱するのが「ネオナポリタン」というものである。

「ナポリタンと言えば『ソーセージかベーコンとピーマン、玉ねぎ、マッシュルームをケチャップで炒めたスパゲッティ』と説明するでしょうが、ナポリタンが生まれた昭和はもう遠い昔。今は令和の時代、食文化も随分と多様になっており、その時代に合わせたバリエーション豊かなナポリタン、我が家流のアレンジナポリタンが当たり前であって良いと考えています。それが『ネオナポリタン』です」

イートナポ氏がナポリタンはフリースタイルな料理と述べたが、マスクドナポリタン氏もそれに近い考えだ。

「週に一回冷蔵庫の在庫整理も兼ねて『余り物カレー』の日があるんだったら、『余り物ナポリタン』を作るという流れがあっても良いでしょう。トマトケチャップはどんな食材が相手でも包容力のある調味料です。世の中の頑張るお母さんの味方になるのが『ネオナポリタン』。そんな流れが出来たら素敵だと思います」

ナポリタンを横浜のソウルフードに──「日本ナポリタン学会」

筆者が所属する「**日本ナポリタン学会**」は、横浜開港百五十周年を機に二〇〇九年九月に任意団体として設立した。

「スパゲッティナポリタンを改めて横浜のソウルフードとして認識する」

そんな思いが込められている。横浜といえば観光都市。外部の方々からイメージされるのはみなとみらいや中華街などの臨海部に集中するだろう。そこからまた違った切り口で横浜を楽しんでもらいたい、それが横浜の洋食文化であり、その象徴的存在がスパゲッティナポリタンだ、ということである。

「学会」と名乗ると、やはり周囲の食いつきが凄く、足元もおぼつかないうちからメディア対応に追われた。今思えば適当なことを言っていたとちょっとは反省している。

二〇一一年から横浜の美味しいナポリタンを紹介すべく、認定店制度を設けた。認定基準は美味しいナポリタンを提供していることはもちろんのこと、ナポリタン発祥と言われる横浜への強いアイデンティティ、その他ストーリーを勘案する。

認定店は主に横浜が中心であり、神奈川県以外で唯一、宮城県女川町の「おちゃっこクラブ&ダイヤモンドヘッド」を認定店としているが、副会長・事務局長がまちづくり事業を通じて出会い、東日本大震災で被災して、街の復興に奔走するマスターのストーリーに感銘を受けて認定に至った経緯があり、極めて特例である。

一号店は都筑区中川中央の「**Pasta House 都筑亭**」。新横浜のホテルで腕を磨いた店主・中島申行《みゆき》氏は喫茶店世代で学生時代に喫茶店で食べたナポリタンへの思いが詰まり、隠し味の生クリームで濃厚なソースに仕上がっている。二〇一三年の「カゴメナポリタンスタジアム」に出場し、涼しい顔をして千五百食以上ものナポリタンを作った姿は実にカッコ良かった。

二〇二四年五月現在で営業中の認定店及び発売中の認定商品、そして、「これを使えば美味しいナポリタンが作れること間違いナシ!」という推奨商品の一覧は次の通り。

◆日本ナポリタン学会認定店舗①

店名	店舗所在地
Pasta House 都筑亭	横浜市都筑区中川中央1丁目23-10
センターグリル	横浜市中区花咲町1-9
珈琲ぱぁら一泉	横浜市南区南太田1-27-10
横浜ビール本店レストラン「UMAYA」	横浜市中区住吉町 6 丁目 68-1 横浜関内地所ビル 1・2 階
純喫茶モネ	横浜市戸塚区戸塚町 10 ラピス 1 ビル 2 階
おちゃっこクラブ&ダイヤモンドヘッド	宮城県牡鹿郡女川町黄金3-11
スポーツカフェヤンキース	横浜市中区真砂町3-33セルテ6階
洋食バル横浜ブギ	横浜市中区住吉町6丁目福島ビル1階
レストランシャルドネ	横浜市中区初音町1-2
ジョルニカフェ玄	横浜市青葉区しらとり台2-73
ローマステーション	横浜市中区山下町26
珈琲山	横浜市南区前里町1丁目20
キッチン友	横浜市神奈川区六角橋1丁目7-21
立寄処道中	横浜市中区新山下3-14-1
パブレストランアポロ	横浜市中区曙町4-45
Italian Kitchen ラ・パッパ	横浜市都筑区仲町台1-2-23デュオ仲町台2-A
象の鼻カフェ	横浜市中区海岸通1丁目象の鼻テラス内
イタリア料理イタリーノ	横浜市中区福富町3-4
喫茶タンゴ	横浜市鶴見区佃野町29-45
ぼてぢゅう横浜ランドマーク店	横浜市西区みなとみらい2-2-1横浜ランドマークプラザ1階
ぼてぢゅうウィング上大岡店	横浜市港南区上大岡西1-6-1ウィング上大岡南ウィングB1階
全国ご当地味めぐりてっぱん屋台三井アウトレットパーク横浜ベイサイド店	横浜市金沢区白帆5-2 Cブロック 2F
エームサービス神奈川事業部	※神奈川県内にてエームサービスが運営する社員食堂などでスポットメニュー展開
街の珈琲店よこはま物語	横浜市都筑区見花山31-9テラス見花山1階

◆日本ナポリタン学会認定店舗②

店名	店舗所在地
cafe&b a r MÉLI - MÉLO	横浜市中区元町5-196若松ビル2階
珈琲専門店山百合	横浜市鶴見区鶴見中央4-21-12
Michielle's Cafe（ミッシェルズカフェ）	横浜市旭区鶴ヶ峰 1-9-5 ラ・チェストフェリッツ

◆日本ナポリタン学会認定商品①

事業者名と商品名	事業者所在地
美濃屋あられ製造本舗「横浜ナポリタン(ナポリタンあられ)」	横浜市中区小港町1-6
横濱屋本舗「横浜ナポリタン(レトルトソース)」	横浜市金沢区鳥浜町1-1
横浜丸紀「横浜ナポリタン焼そば」	横浜市港北区新吉田東7-27-10
社会福祉法人グリーン「横浜ナポリタン(ドライパスタ商品)」	横浜市青葉区鴨志田町335-1

◆日本ナポリタン学会認定商品②

事業者名	商品名
日本製麻株式会社ボルカノ食品事業部	ボルカノ赤スパゲッチ
株式会社横濱屋本舗	清水屋トマトケチャップ
カゴメ株式会社	洋食屋のケチャップ
日清食品チルド株式会社	日清Spa王喫茶店のナポリタン

※いずれも 2024 年 6 月現在

こういった認定・認証事業の他に、各種イベントに参加するなど、毎年それなりに活動をしている。

二〇一二年に日本ナポリタン学会はイタリア・ナポリへ行った。この年にアニメやゲームなどのクリエイターやファンが交流するコミック・ブック・コンベンション、いわゆるコミコンがナポリで開催され、クールジャパンの一環として日本の食文化を伝えるブースを設けようと、日本ナポリタン学会に話が来た。

ナポリでナポリタンなんて面白いじゃない、という軽いノリで渡航費は持ち出し、日本から食材も持ち出し。でも重量オーバーの懸念でなぜかトマトケチャップは現地で調達という考えの甘さ。イタリアにはトマトケチャップを使う文化はない。それでもカルフール（フランス発のスーパーマーケット。日本にも存在した）にはとても小さなボトルがあって、それを買い占めて何とかなった。

会場でナポリタンを作り、現地の人々にナポリタンを食べてもらう。

「何故トマトソースに砂糖が入ったトマトケチャップなんかを使うのか？」

などという意見をもらいながらも、比較的「Buono（美味しい）」という感想をもらった。そこにたまたま当時のナポリ市長デ・マジストリ氏が訪れ、日本のナポリタンを食す。さらにそこに朝日新聞のナポリ支局の記者が訪れ、その一部始終を全国的に記事にしてしまう。そのニュースは良くも悪くもほど良く「炎上」した。

その二〇一二年から二〇一三年にかけて、あらゆるメディア対応に追われた。特に二〇一三年は新聞、テレビ、ラジオ、ネット媒体、雑誌、書籍等の取材対応が五十を超えた。筆者は当時サラリーマンとして週五、六日は働き、毎週休日には何かしらの取材を受けていた計算になる。二〇一三年という年は「カゴメナポリタンスタジアム」第一回の開催年でもあり、この時期は筆者以外にもナポリタンが度々メディアに登場していた。

筆者は二〇一三年を「ナポリタンブーム」と位置付けている。別に我々が仕掛けたと言うつもりはないが、バブル期のグルメブーム、イタ飯ブームを機に陰りを見せたスパゲッティナポリタンが完全復活するきっかけとなった一年であった。

セルフ式コーヒーショップの焙煎工場長から幻のケチャップ復刻の丸山和俊氏

日本ナポリタン学会推奨商品である**「清水屋トマトケチャップ」**は横浜生まれのトマトケチャップである。

横浜港開港後、現在の横浜市中区の関内エリアに外国人居留地を設け、横浜・子安（横浜市神奈川区）では外国人居留地向けに西洋野菜の栽培をしていた。当時「赤茄子」と呼ばれていたトマトも栽培されていた。当時トマトは供給過剰で多くが捨てられていた。西洋野菜の栽培農家の一人であった清水與助氏は、これをどうにか活用できないかという中で保存がきくトマトソース、すなわちトマトケチャップという存在を知り、トマトの加工事業に乗り出す。そして一八九六年にトマトケチャップの製造会社「清水屋」を創業した。清水屋は日本初のトマトケチャップの製造会社となる。その後、名古屋では蟹江一太郎氏が一八九九年にトマト栽培を開始、一九〇九年にトマトケチャップとウスターソースの製造を開始している。これがのちにカゴメトマトケチャップとなる。

清水屋トマトケチャップを手にする丸山和俊氏

宮内省御用達にもなったという清水屋トマトケチャップであったが、昭和初期に一代で廃業してしまう。

この幻の清水屋トマトケチャップを復刻させたのが有限会社エムズプランニングの代表取締役であり、任意団体の横浜清水屋&CRAFTの代表でもある丸山和俊氏である。

丸山氏は高校卒業後、料理の世界で実業家を目指し、東京・向島の料亭で修業をしていたが、料理の才能には恵まれず（本人談）、それを見かねた上司から、

「丸山君、料亭の時代は終わった。これからは喫茶部門の店長をやってくれ！」

そう言われ、ショックを受けながらも喫茶店勤務が始まる。しかしそれは丸山氏の思いとは裏腹に、人生の転機となる。

コーヒーと出会った丸山氏は、その後別のコーヒーショップの焙煎工場長に転身し、コーヒーの焙煎に没頭する。

「やがてそれが日本の代表的なセルフ式コーヒーショップとして全国にチェーン展開するまでに成長し、イタリアの都市名を冠したサンドウィッチも開発しまし

た。でも、そのおかげで味わいのある空間でいいナポリタンを提供する個人営業の喫茶店がすごく減ってしまったことに気付いたのです」

飲食関係でいろいろなプロデュースを手がけていた丸山氏は、長野県で地元産のトマトソースを加工する事業をしていた時期があり、その時にとある文献から横浜で清水屋トマトケチャップという存在があったことを知る。

「横浜の子安では地元の人々が清水屋の歴史を研究していて論文も書いていたんですよ。私ができることはこれを復刻させることだと思いました」

そんな使命感から、横浜の開港資料館などで清水屋トマトケチャップの資料を探した。いろいろと出てはきたが、肝心のレシピを見つけ出すことは困難を極めた。

「清水與助さんの遺族の方からも聞き取りをして、與助さんが南の国から横浜港に届いた香辛料を取りに行って、生姜のようなゴツゴツとしたものを一生懸命すりおろしている姿がすごく記憶に残っていて、それが確か『ズク』と呼んでいたらしいから、それを探しに行こうと台湾へ行ってみたんです。最初に『ショウズク』というものを見つけて、ご遺族に見せたら『こんな小さなものじゃない』と。それでもう一回台湾へ行って『ニクズク』というものを見つけたら、『そうそうこれこれ』と。ナツメグが清水家の味だったのです」(丸山氏)

清水屋トマトケチャップの材料は見つかった。あとは作り方だ。明治時代の農友会会報誌や、地元・子安の自治会や中学校PTAなどが作成していた調査資料に加え、清水家が保管していた道具や写真をもとに、清水家との共同作業で、こうじゃないかと試行錯誤しながら出来上がったのが二〇〇七年。

トマト、玉ねぎ、香辛料、砂糖、酢などの全てがオーガニックの素材で作られた清水屋ケチャップは酸味よりも甘さが際立ち、ナポリタンには最高なトマトケチャップだ。何と言っても高級感がある。

丸山氏が好きなナポリタンについて聞いてみた。「よく炒める」ことを重視しているそうだ。

「私は焼きそば的なものだと思っています。麺を先に炒める。麺を先にフライパンに接地させることで、麺の水分を飛ばしてカラッとさせたいの。それが私の好み。ただ、いろんな人に言わせるとまた違った作り方が良いと言うんですよね。人それぞれに好みが違う、それで良しとしているのがナポリタンの面白いところですよね」

ナポリタンの復活は一つの国産トマトケチャップの復活ももたらした。

名店のメニューを冷凍食品に「プラススパイス株式会社」二木博氏の挑戦

「プラススパイス株式会社」と聞くとピンと来ないであろうが、「株式会社カリガリ」と聞けばカレー好きな人々であればピンと来るのではないだろうか。

株式会社カリガリが運営する「**カリガリカレー**」は、銀座の老舗クラブで働いていた二木《ふたき》博氏が独学で生み出したカレーだ。老舗クラブの裏メニューとして愛され、二〇〇五年に東京・渋谷にてわずか八席ほどの小さなお店としてスタート。「文化、建設中」をスローガンに様々な経験と実績を積み、二〇一五年には東京・秋葉原に「秋葉原カリガリ」をオープンさせる。二〇一九年には「神田カレーグランプリ」でグランプリを受賞するなど、その名を広め、現在カリガリ関連の店舗はフランチャイズのキッチンカーを含め全国二十三店舗、海外一店舗にまで成長している。

店舗運営の傍ら、「インド人完全無視カレー」「堀江貴文が刑務所の中で外に出たら食べようと夢想い描いた至極のイノベーションカレー略して『刑務所カレー』」などのレトルト商品をプロデュースしたり、「カリガリ吉野家カレー」を監修するなど、二〇一〇年代初頭から常に話題を振りまいてきた。

そんな二木氏が別会社としてプラススパイス株式会社を設立したのが二〇二〇年三月。「食と人々を手広くつなげるリーダー」の二木氏を筆頭に、役員メンバーには「皆の意見を形にするブレイン」の菅原優氏、「ベテランアニメ監督。楽しそうという理由で参加！」の水島精二氏、「無責任にアイデアを生み出していく紅一点」の夢眠ねむ氏の三名が揃う。

そんなバラエティーに富んだ面々で「エンターテインメントで食を豊かにす

る」というビジョンのもと、第一弾として、アニメーションの中に没入しながら味覚を味わう「聞き食べ」というサービスを展開しようと動き始めたが、前述の通り創業が二〇二〇年三月。まさにコロナ禍による緊急事態宣言が出始めようとしていた時期で、カリガリの事業でも対応に追われ、企画が止まってしまった。

現在プラススパイスが進めているのが冷凍食品の事業だ。ただの冷凍食品ではない。

「これからの時代は、家庭で飲食店の味を高クオリティで楽しむという文化が根付いていくものだと思います。そこで冷凍食品なのです」(二木氏)

確かにウーバーイーツのようなサービスにより飲食店の味を家庭で楽しめる世の中だ。それが冷凍食品であれば、賞味期限は長くなり、冷凍庫に眠らせておけばいつでも食べることができる。でもなぜ冷凍なのか。

「日本の様々な現状を鑑みると残念ながら飲食店は今よりもだいぶ高級になり、店舗数も少なくなっていくことが予想されます。また、家庭料理においても効率が重視され、冷凍食材が今よりも多く使われていくと思います。食材の冷凍技術は現在格段に上がってきています。そして今、飲食店の味を高クオリティで再現された冷凍食品の開発が盛んに行われています」

人口が減っていく日本。飲食店を利用する人々も減れば、作り手やサービスに従事する人も減っていく。飲食店自体も減っていくだろう。

例えば、一代で愛されてきた個人経営の名店の味は、閉店してしまえばそこで途絶えてしまう。引き継ぎ手はなかなか見つけにくいのが現実で、大手資本に買収されるなどすればハッピーだろうが、必ずしもどの店もそう収まるとは限らない。

名店の味を冷凍食品で残す、という考えは、全く新しい事業承継の形ではないだろうか。

「ハードルは高いです。高いクオリティでなければならないのはもちろんですが、まず調理が簡単でなければなりません。例えばトッピングも全て乗った状態のカレーライスを食べるにはレトルトのカレーだけではできません。ご飯も温め、トッピングも温める必要があります。しかし全てを乗せて冷凍したものであれば

それは可能なのです」(二木氏)

理想的なのは電子レンジのボタンを押すだけで全てができてしまうことであり、それが飲食店で食べるメニューと遜色のないクオリティになることである。

今は冷凍食品のパスタは格段に美味しくなっていて、ナポリタンも多くのメーカーが手掛けているだけに、スパゲッティナポリタンは比較的取り組みやすいのではないか。

筆者はナポリタンを食べ歩き始めて二十年程になるが、その間に名店が看板を下ろす姿を何度も目の当たりにしてきた。もう味わえないナポリタンが随分とある。プラススパイスの動きが本格化すれば、今後飲食店関係のニュース記事も次のようなものが当たり前になっていくのかも知れない。

「創業70年『洋食○○』が閉店、一部メニューは冷凍化し継続!」

プラススパイスの今後の動きに注目していこう。

古き良き純喫茶の魅力を伝える純喫茶コレクション・難波里奈氏

「純喫茶」とは、酒類を提供せず、純粋にコーヒーを愉しむ喫茶店のことを指し、「純喫茶○○」などの店名が存在するなど古くからある言葉だが、二十一世紀に入ってこの純喫茶というフレーズを広めた第一人者が「純喫茶コレクション」難波里奈氏だ。

東京喫茶店研究所二代目所長という難波氏。初代は二〇〇二年にギャップ出版から『喫茶店百科大図鑑』など、喫茶店を様々な角度からとらえた書籍などを発売し、現在は鎌倉の長谷でこけしとマトリョーシカの店を営み、写真館も運営する写真家・詩人の沼田元氣氏で、難波氏の師匠にあたる。

「純喫茶コレクション」はブログとして二〇〇二年から始めた。

「百のお店があったら百人の個性が爆発した、人生をかけた宝箱のような場所に、珈琲一杯の値段でお邪魔できる『活ける昭和の博物館』」

難波氏はそれが純喫茶の魅力だと語る。

二〇一二年に初めての著書『純喫茶コレクション』（ＰＡＲＣＯ出版）を出版。以降も純喫茶の魅力を伝える著書を次々と上梓しつつ、実在する純喫茶にまつわる雑貨発売の監修、企業とのコラボなどを手がける。

筆者は、東京は上野へ行くとナポリタン目当てに必ず立ち寄る純喫茶があるが、ここ五、六年で客層が見事に変化しているのを目の当たりにした。以前は各席に年配の喫煙者がいて、タバコを吸わなくても全身を燻されたものだが、全面禁煙になった今は、各席でホットケーキやクリームソーダを撮影する若い女性の姿を多く見かけるようになった。喫煙可能か禁煙かはともかくとして、若い人々が純喫茶に関心を寄せ、実際にお店を訪れることは未来を考えるうえでとても良いことだと感じている。こんな現象が起きているのは、難波氏本人には伝えていないが、純喫茶コレクションの役割、影響力が大きいのではないかと思っている。

難波氏自身はどちらかというとたらこスパゲティやミートソースを好むが、それでもナポリタンを目にする機会は多くある。

「一般的には、具材はハムやベーコン、もしくはソーセージ、そこに玉ねぎとピーマンがベーシックだと思っているので、茄子やエビなど見慣れない具材が入っていると驚きがあってワクワクします」

先の「百のお店があったら百人の個性が爆発」という難波氏の発言は、ナポリタンでも同じことが言える。

今は「純喫茶ブーム」のような雰囲気ではあるが、やはりその裏では純喫茶をはじめとした個人経営の喫茶店は後継者問題がついて回っている。

「昭和の時代に建てられた空間を今から同じように造ることは難しいですよね。居抜きで継いでくださる方たちがいるというのは素敵だと思います。お店というのは空間だけではなく、そこにやってくる人たちと店主の関係性などによって作られる空気感も大きいと思うので、精神の部分も引き継がれたならさらにいいですね。一方、自分のお店の幕引きは自分で決めたいという方もいらっしゃるので、閉店の報せはいつもさみしいですが、その決断を応援したいです。昔から営んでいるお店の方たちから相談を投げかけられたら、解決は難しくとも一緒に話していけたら嬉しいです」

フットワークの軽さも難波氏の魅力の一つ。これからも純喫茶の良さを伝え続けてもらうことで、喫茶店のナポリタンの存続にも繋がっていく。

喫茶店の家具・食器類を買取販売する「村田商會」

減少著しい街の喫茶店だが、閉店する喫茶店から家具などの調度品を買い取り、同業者や一般に販売しているビジネスが存在する。

東京都杉並区、ＪＲ西荻窪駅から徒歩三分の場所にある「**村田商會**」。ネット販売を主としながら、店舗は喫茶店となっており、家具や食器類も一部を展示販売している。この店は元々五十年ほど前からあった「ＰＯＴ（ポット）」という喫茶店だった。

代表の村田龍一氏は、学生の頃から喫茶店巡りが好きだった。よく通っていた喫茶店が閉店することになり、マスターから思い出にと椅子を譲り受ける。

「喫茶店の家具類って味わいがあるじゃないですか。でもそれらは骨董屋さんとかに行ってもまず売ってないんです。もらった椅子を眺めながら、喫茶店が閉店する度に、これらは人知れず廃棄処分されていると思うとそれがすごくもったいないと感じて、そういう専門の引き取り業者があってもいいのではないかと思ったのです」

サラリーマンを辞めた村田氏は、二〇一五年に村田商會を起業した。

喫茶店が閉店しなければビジネスとして成立しないという考え方もあるが、村田氏は言う。

「やはり街の喫茶店は私自身も大好きですし、街からその風景が失われるのは寂しいことです。だから閉店を検討しているお店から家具類を買い取る前に、何とか残すことはできないかと事業承継の相談には乗っています。商売とは切り離して、お店を継ぎたいと考えている人への橋渡しとかも可能な範囲でやっています」

だからこそ喫茶店経営も並行してやっているのだろう。買取販売は村田氏にとってはビジネスだけではない思いも含まれている。

村田商會の喫茶店で味わえるナポリタンは、村田氏自身が喫茶店を巡る中で出会ったものからヒントを得た独学のメニューだ。

「喫茶店へ行くといろんなものを食べたり飲んだりしたいので、絶対ナポリタンを食べているわけではないのですが、時々いろんなお店で食べる機会はあって、お店ごとに違う味という面白さを感じていました。それらを参考に喫茶店でナポリタンを作っていた人に教えを請うたりして、行き着いたナポリタンです」

茹で置きの一・九㎜のスパゲッティに、玉ねぎ、ピーマン、マッシュルームにスライスベーコンといった具材。カゴメのトマトケチャップ。炒め油はオリーブオイルだ。

「スパゲッティの茹で置きというのはやはり喫茶店のオペレーション上、とても合っていると感じています。オーダーごとに茹でるわけにもいかないし、茹で置きであるからこその美味しさも感じていますから」

喫茶店の家具や食器類を買取販売しつつ、自らも喫茶店を経営することで、その苦労や現実も肌で感じてきた。

「古くから喫茶店を営んできた方からは一九七〇年代から八〇年代の頃は全盛期で儲かってたけど、今はもう全然……という話を多く聞きます。時代の流れというのはどうしてもあると思うし、減っていくこと自体は仕方のないことだと思っています。古くからある喫茶店はだいたい一代経営で店主は今七十～八十歳代になっています。そうするとそのご子息が四十～五十代くらいになっていて、それなりの仕事に就いて家庭も持っている。それらを捨ててまで喫茶店を継ごうというのは余程のことがなければ現実的に難しいと思います」

だからこそ近年は事業承継の形も多様化している。同族による承継が難しくなってきたからこそ、意欲的な人にとってはチャンスが広がっている。

「珈琲専門店山百合」――若き喫茶店店主の挑戦

横浜市鶴見区鶴見中央。京急鶴見駅から徒歩二分ほどの場所にある「**珈琲専門店山百合**」。一九七五年に創業し、鶴見の人々の憩いの場として親しまれてきた。

店主の慶野未来氏は、二〇二一年秋から二十五歳の若さでこの店を引き継いだ。それまでの山百合のオーナーとは血縁関係があるわけでもない。三年ほど小学校の教員をしていたという異色の店主は、喫茶店巡りを趣味の一つとしていた。

「私は喫茶店世代ではないですが、古くからある喫茶店には新しく作り上げることのできない雰囲気があることに魅力を感じました。一人で行っても詮索されない空間っていうのも大好きです」（慶野氏）

そんな喫茶店巡りをしていく中で、後継者を探している喫茶店があるというのを耳にした。それが山百合だった。

「初めてこの店に来た時に一目惚れしてしまいました」（慶野氏）

元々留学が目的で教員を退職していたが、山百合を引き継ぐことを決めた。よせばいいのに、と思うかも知れないが、一度きりの人生、人それぞれである。

まっすぐな前オーナーの強いこだわりで、食事やデザート類は全て手作り。ナポリタン、ミートソース、カレーライス、生姜焼き定食、卵サンド、焼きたまごサンド、ツナサンドなど、慶野氏は修行して全てを習得していった。スパゲッティナポリタンは胡椒や鷹の爪がピリッときいたケチャップベースのソース感ある仕上がりとなっている。

「ナポリタンはまだ先代に認められるほど上達していないのです」（慶野氏）と〝修行中〟であると言いつつ、ティラミス、プリン、ハヤシライスなどの慶野氏としての独自メニューを創出する余裕も出てきた。

創業から四十五年以上経過した店舗は味わいを醸し出す一方で、建物そのものやあらゆる設備の老朽化も見えてくるのが現実だ。

「コロナ禍以前から閉店する喫茶店が多く、その原因として食材や光熱費等の高騰に加えて、セルフ式コーヒーチェーンなどの台頭による客離れや店主の高齢化などがありますが、店舗の老朽化というのも大きな理由の一つにあります。山百合でも長年の営業による綻びが目立っていて、それらを修繕していくと莫大なコストがかかる。そこで思い付いたのがクラウドファンディングでした」

二〇二三年七月からの約三か月間で当初の目標額である百万円をはるかに超え

る三百万円もの支援を受けた。

「これだけの支援をいただけたということで、古き良き喫茶店文化について関心を持っている方が多くいらっしゃるということを感じました」（慶野氏）

この三百万円の中から支援者へのリターンやクラウドファンディングのサポート会社への手数料などが引かれ、設備費用や長年の歴史で〇歳から九十歳代までと幅広い年齢層の常連客により快適に利用してもらうためのバリアフリー設備などに投資していく。

こうして自らが表に出てあらゆる発信をしていきながらも、やはりその裏では引き継いでからの苦労がものすごく多いと慶野氏。しかしそれらも「自分ごと」だからこそ乗り切れることも多いという。引き継いで三年、経営者としての自覚が身に付いてきたのだろう。

自称「フレッシュレモン」という人懐っこく明るいキャラで、山百合の営業を通じて喫茶店文化の魅力を発信し続ける。

いろいろな形で直接的、間接的にナポリタンを再び表舞台へ導こうとする人々。皆さんに共通することは決して古き良き時代への回帰というものではなく、良き文化を残しつつ、現代のツールを活用しながら（受け入れながら）、新たなフェーズへと向かっているという点である。古いものを残そう、または復活させようという思想は決して後ろ向きなことではないということを述べておきたい。

第六章　ナポリタンを国民食へ

「赤翡翠」のうちなーナポリタン

筆者は、巷のラーメンやカレーなどと同様に、スパゲッティナポリタンが「国民食」として定着してほしいと願っている。私は既にそのように思ってはいて、方々でそれを口にしてきたが、スパゲッティナポリタンを愛するが故の驕《おご》りだったと感じていて、本当の意味での「国民食」になり得るのはこれからだと思っている。

明治期より西洋料理文化が日本に伝わり、戦後さらに食文化は豊かになって、日本式洋食の一つであるスパゲッティナポリタンは紆余曲折を経ながら、人々の中に生き残り続けてきた。二十一世紀も四分の一になろうとしている令和時代、これをさらに次世代へと繋いでいく必要がある。我々世代で終わってはいけない。

前章では古き良きものを「残したい」という人々にスポットを当てた。本章では、ナポリタンを国民食にしていこうと「新たな動き」を見せる人々にスポットを当てていく。歴史的な部分も大事だが、ナポリタンの今、そしてこれからはもっと大事である。

全国からナポリタンのグランプリを決める「カゴメナポリタンスタジアム」

トマトケチャップ最大手・カゴメ株式会社。カゴメでは、二〇一三年から「**カゴメナポリタンスタジアム**」というイベントを四年に一度開催している。二〇一五年からはこちらも四年に一度ペースで「カゴメオムライススタジアム」も開始するようになり、夏季冬季オリンピック同様のペースで二年に一度全国的なイベントを開催していることになる。

ナポリタンスタジアムは、全国のナポリタンが集結し、日本一を決める大会だ。カゴメ株式会社初代スタジアム企画担当の川口浩司氏は、大好きなサッカー観戦でスタジアムが盛り上がるのを度々目にしながら、

「同じようにナポリタンで世の中が盛り上がる、社内が盛り上がる何かができたら良いなと考えていた中で、全国のナポリタンの代表を集めて『ナポリタンスタジアム』って面白いんじゃないかと思い付きました」

川口氏はそのためにナポリタンを理解することから始める。月に百食食べた時

もあったという。

二〇一三年の第一回は横浜・赤レンガ倉庫で開催した。全国から十六店舗の名店が出店し、約二万四千食ものナポリタンが提供された。

「たかがナポリタンと思われがちですが、期間中大変多くの方にお越しいただき、お客様が美味しそうに食べている様子を見て、『ナポリタン』というメニューの強さを改めて感じました」（川口氏）

二〇一七年の第二回目は東京スカイツリータウンで開催。この回から各エリアでのブロック予選が行われ、通過した店舗のみがソラマチで出店できるという形となり、よりレベルの高い争いとなって盛り上がりを見せた。二〇二一年の第三回はコロナ禍という事情でWEB投票による開催。今後の開催形式については検討中だという。

過去三回のグランプリ受賞店舗は次の通りである。

・二〇一三年第一回「黄金比率のハンバーグのせ赤ナポリタン」（東京ナポリタ

ンマルハチ）

・二〇一七年第二回「熊本の希望 あか牛とろとろチーズのフォンデュ DE ナポリタン」（レッフェル 流通団地店）

・二〇二一年第三回「氷見イワシ香るナポらー麺」（麺屋いく蔵）

こうして見ると、古き良き名店よりも、新しいお店がグランプリとなっている傾向があり、ナポリタンも今までにない新しいものである。

「地域の特性や、オリジナリティにあふれたナポリタンが増えているように感じます。ナポリタンの新しい魅力や楽しみ方がどんどん広まって欲しいです」（カゴメ株式会社経営企画室広報グループ課長・北川和正氏）

まだ三回という開催で、これから回を重ねるごとに醸成されていくだろうが、いろいろな効果が出ているようだ。

「ナポリタンスタジアム・オムライススタジアムを開催する度に家庭でのナポリタン・オムライス出現率はいずれも一〇〇％を超えています（出典・食ＭＡＰ／

一日計／全年代／二〇一二～二〇一九年／ナポリタン・オムライスの年間ＴＩ値）。

また、スタジアム開催中、スーパーマーケットでの店頭演出により、トマトケチャップの売り上げがアップした事例も確認されています」（カゴメ株式会社マーケティング本部食品企画部家庭用グループ主任・田口雄一朗氏）

ナポリタンを家で作ろうか、スタジアムに出場したナポリタンを食べに行ってみようか、という動機付けとして大きな役割を果たしているようだ。

またナポリタンを提供する店舗でも「ナポリタンスタジアムに出場したい！」というモチベーションが生まれているという。

「トマトケチャップはカゴメにとってはＤＮＡだと思っていますが、そのまま食べる人はいないでしょうね。ナポリタンやオムライスを作ってこそ存在するものでありますので、そんなＤＮＡを引き出すのがナポリタンスタジアムだと思います」（川口氏）

ナポリタンが「国民食」へ定着していくためには、ナポリタンスタジアムのようなワクワクするイベントが続いていくことも大切なことの一つだと感じた。

ナポリタンスタジアム出場で誕生した「横浜ブギ」の横浜ベジナポ

横浜市中区住吉町という関内・馬車道エリアにあたる街に「**洋食バル横浜ブギ**」という小さなお店がある。

二〇一四年から日本ナポリタン学会の認定店となり、二〇一七年に「**横浜ベジナポ**」というスパゲッティナポリタンで第二回の「カゴメナポリタンスタジアム」に出場、「ナポリたん賞（カゴメのPRキャラクターである萌え擬人化キャラクターによる賞）」を受賞した。

横浜ブギは二〇一〇年に関内のさくら通りで開業し、その後二〇一八年に関内のベイスターズ通りへ移転。二〇二一年には現在の住吉町へ再度移転して今に至る。

創業者の岡添勉氏は関内で有名な老舗ライブレストラン＆ジャズバー

「BarBarBar」で店長を務めるなど、横浜市内で四十年ほど飲食店一筋に生きてきた人物。ホール担当などがメインだったので料理修業はほとんどなかったものの、毎日料理人の作る姿を間近に見てきたことで多くを学んだと言う。

「老舗と言われる名店は『昔から変わらない味』というのが売り文句の一つになっていますが、我々のような歴史の浅いお店ではそうはいかない。日々料理は進化するとともに、人々の味覚も進化する。それに常に対応しようと新しい味を追求し続けているので、変わらないなんて僕にはできないです」(岡添氏)

二〇一〇年創業時のスパゲッティナポリタンは、フランスの郷土料理「ラタトゥイユ」ベースのものであった。二〇一五年頃には特製のハンバーグが乗ったナポリタンとなるなど、岡添氏の言葉通り変遷を続けてきた。横浜ベジナポは、カゴメナポリタンスタジアム出場にあたって考案したもの。

「カゴメという会社の本質は、野菜を売る会社なんだということで、野菜をたくさん使ったナポリタンにしようと考案しました」

イタリア・ナポリの郷土料理「カポナータ」ベースの、何種類もの野菜がごろごろと盛り付けられたナポリタン。イベリコ豚のベーコンのコクのある脂分とマッチし、とても濃厚な味わいのあるナポリタンは人気を呼び、コンビニやスーパーマーケットの商品監修などが相次いだ。

「私も四十年程横浜にお世話になって来たし、店名も『横浜ブギ』としたように、地元・横浜を意識したコンセプトなので、横浜が発祥と言われるナポリタンは看板メニューとしてこれからも美味しさを追求していきたいです」

そう言って笑みを浮かべた岡添氏だったが、二〇二二年十月に亡くなった。二〇二〇年末に病気であることを告げられたが、薬が身体に合っていて調子が良いと、病気前よりもむしろ元気なんじゃないかというほど気丈に振る舞っていた。亡くなる前月に筆者は店に来いと言われていた。筆者はその時スケジュールの都合がつけられなかった。直後に富士山に登っていたので、まだ元気だと信じ込んでいた。迂闊だった。

横浜ブギは、二〇二一年からコックとして岡添氏を助け続けていた金良幸《きんよしゆき》氏によって引き継がれ、今も営業を続けている。

金氏は葉山などでフレンチ一筋の料理人だった。岡添氏の横浜ベジナポは踏襲しつつ、ハーブなどの香りを利かせ、さりげなく金氏のエッセンスも取り入れた新しいものとなっている。

「先代（岡添氏）には何かを託されたわけではありませんが、横浜ベジナポはナポリタンスタジアムで賞を取っていますし、できる限り続けていきたいです。横浜ブギ、横浜ベジナポに対する先代の思いはこれからも大切にし、さらに広めていきたいです」（金氏）

金氏の横浜ブギとなって間もなく三年。岡添氏も店の片隅にあるフォトフレームの向こうから、在りし日の姿で店を見守り続けていく。

全国三十九店舗の日本初のナポリタン専門店「スパゲッティーのパンチョ」

スパゲッティナポリタンが真の国民食になるべく、外食業界も動きを見せている。その一つに「ナポリタン専門店」が全国的に萌芽し始めている、というのがある。

その筆頭となるのが「**スパゲッティーのパンチョ**」である。

二〇〇九年に東京・渋谷は道玄坂に一号店がオープン。食券スタイル、トッピングのバリエーション、麺の量を自在に調整できるという、日本のクイックフード業界が作り上げたノウハウをいいとこ取りし、ビルの地下などに店舗展開することで、「スパゲッティ＝パスタはオシャレ」「イタ飯はデートで利用するもの」、そんなグルメブーム以来の風潮から、男一人が気軽にスパゲッティを、ナポリタンを腹いっぱい食べられるコンセプトは「男心」を掴み、コロナ禍の期間も攻めの姿勢を崩さず全国的に店舗展開。二〇二四年三月現在で直営・フランチャイズを含め三十九店舗にまで伸ばしている。

「改めてナポリタンは、うまいと言わせたい。」

このコピーで創業十五周年となった。

運営会社は株式会社パンチョ。居酒屋チェーンなど多くの飲食店業態を持つ「ファイブグループ」にあるが、このほど株式会社B級グルメ研究所から分社化された。

CEOの野尻圭介氏は「パンチョ大王」として自らも広告塔的存在となり、SNSでも一万人以上のフォロワーを集める。

「新店オープンなどで店へ行くとお客様から『大王ですか？』などとお声がけいただいたり、『大王に会えた！』なんて投稿いただいたりして、そんなコミュニケーションができることを日々楽しみにしています」（野尻氏）

株式会社パンチョの前身である株式会社B級グルメ研究所は、「吉祥寺どんぶり」というB級グルメ専門店からスタートしたが、二〇〇〇年代後半は売上が振るわず、会社経営において厳しい局面に立たされていた。

「『最後に何かチャレンジしてやめよう』と、そういうところまで追いつめられて、スパゲッティ専門店に挑戦してみようと思ったのです。ただ、スパゲッティ専門店だとオシャレなイメージで男性は食べたくても入店を躊躇してしまう。一方でコンビニではスパゲッティがよく売れている。ならば『忙しい男性がクイックにスパゲッティを食べられるお店』にしようと考えたのです」（野尻氏）

「スパゲッティーのパンチョ」のナポリタン

たらこスパや明太スパは原価が高い。メニューを増やせばオペレーションも煩雑になる。できるだけ短い時間で提供したい。

「『一つのメニューに特化してしまおう』というアイデアが出て、そうすると一つのメニューを何度でも食べたいと思わせなきゃならない。そんな『常習性』を求めていたところ、開発者がナポリタンを得意としていたのです」(野尻氏)

当時の開発者が試作したナポリタンは「すごく美味しい」「毎日でも食べたい」と社内で評判となった。それが「ナポリタン専門店」となった経緯である。

パンチョオリジナルのナポリタンソースは、懐かしいようでいて、唯一無二の味だ。上手く表現できないが、ニンニクが利いているのは確かである。ナポリタンをいろいろなところで食べ歩きながら、時々パンチョで食べてみてほしい。「パンチョの味」がいかにオリジナルなものであるかわかるはずだ。

「ナポリタンのソースのレシピは社内でも三人しか知らないもので、厳重に管理しています」(野尻氏)

こうして店舗数を伸ばしたスパゲッティーのパンチョだが、それは勢いだけではない。ナポリタン愛好家を「ナポリスト」と呼び、世のナポリストの数をもっと増やそうと力を入れている。それこそがスパゲッティナポリタンを国民食として定着させようとする動きだ。

その取り組みの一つが「こども食堂」だ。地域の子供たちや保護者などを対象に食事を提供するコミュニティーとして全国的に広がりを見せているこども食堂。パンチョでは二〇二〇年の「パンチョの日」（毎年八月八日にパンチョで食事をするとトッピング券が二枚もらえる）がコロナ禍でテイクアウトのみで行われたが、テイクアウトの容器代を社会還元に充てようと考えたことからこども食堂の事業が始まり、以来定期的にこども食堂でのナポリタン提供を続けている。

「昭和時代から愛されてきたスパゲッティナポリタンの美味しさを次世代に繋げていくためには、未来ある子供たちに知ってもらうというのが一番だと思い、こども食堂での取り組みを始めました。この子たちが大人になって、ナポリタンに愛着を持ってもらえたら、それがさらにその子たちへと繋がっていきますからね」（野尻氏）

「食育」「地域活動」はスパゲッティーのパンチョの使命として、また株式会社パンチョのCSR事業（企業の社会的責任）として、これからも続いていく。

パンチョに続け！「ラーメンの街」つくばから生まれた「Banzai naporitan」

全国チェーン展開を加速させる「スパゲッティーのパンチョ」に続けと、各地で新たなナポリタン専門店が増え始めている。

東京都心から一時間ほどで行くことができる茨城県つくば市は、ラーメンの街として知られている。一般社団法人つくば観光コンベンション協会のホームページにも、

「つくば市は、知る人ぞ知るラーメンの街、魅力あるラーメン店がしのぎを削る激戦区。市内にラーメン専門店は約100店舗、ラーメンを食べられるお店は約200店舗にもなります」

と記してあり、つくば市自体も公にラーメンの街であることを自認している。

そんなラーメンの街・つくばからナポリタンを新たなトレンドにしようと熱く奮闘している人がいる。つくば市桜三丁目にある「Banzai naporitan（バンザイナポリタン）」の大坂英之氏だ。

大坂氏は茨城県坂東市の「らーめんすすきの」で修業し、ゆくゆくはラーメン屋として独立したいという考えを持っていた。

「つくば市は人口密度当たりのラーメン屋店舗数が日本一というほど激戦区でもあり、ラーメンよりもこの街にはない業態で勝負したいという意欲が湧いてきました」

そんな心境の中、東京・新橋でスパゲッティーのパンチョのナポリタンに出会った。その懐かしいようでいて唯一無二な味わいと、「男一人で気軽に入れるスパゲッティ屋」というコンセプトに感銘を受けた。

つくば市にはないもの、そして「ラーメンの街・つくば」ならではのナポリタン専門店を作ろうと、「Banzai naporitan」をオープンしたのが二〇一六年九月。大坂氏が三十歳の時だった。

麺は地元の製麺所にナポリタン仕様として作ってもらっている。ラーメンの街の文化を活用しているのがさすがだ。デュラムセモリナ粉・卵・水・食塩だけのシンプルな素材で、麺の長さは二十cm（ちなみに一般的なスパゲッティの乾麺は二十五cm）。

「二十cmというのは『フォークが巻きやすく、ソースが跳ねにくい長さ』で設計してあります。茹で時間は二分半で食べられるのですが、よりソースとの絡み、味の浸透、そして『ナポリタンとしてのベストな食感』を追求したら三分半が良いということを見つけました」（大坂氏）

このあたりを聞いていると常にベストなクオリティを追求するラーメン屋出身らしい。

茹で上がった麺を玉ねぎ、ピーマン、ウインナーという三種類の具材とともに手際よく炒める。

ソースは、カゴメトマトケチャップとデルモンテトマトケチャップが一対一で使われている。異なる銘柄のケチャップのブレンドは、同じケチャップなのにより複雑な味になるのが不思議。さらに中濃ソース、チキンブイヨン、無塩バター、フルーツチャツネ、おろしにんにくなどが入ったこだわりのオリジナルソースだ。オリジナリティもクオリティもかなり高いナポリタンだが、トッピングも三つの価格帯でそれぞれ五アイテム以上、計十五アイテム以上を常時ラインナップするなど大変充実しており、自分好みにカスタマイズする楽しさを演出する。数あるトッピングの中でもミートボールは人気だ。つなぎを使わない一〇〇%ビーフは肉々しく、しっかりとした味わいである。

筆者は愛想の良いホール担当のおねーさんからおススメされた「こがしチーズ、生スクランブルエッグ、季節のお野菜盛り」を頼んだ。見た目もそのフレーズも、もはやナポリタンではないが、フォークを探ったら、そこはナポリタンであった。「生スクランブルエッグ」と表現された卵がナポリタンに絡みつく。

野菜は長いも、さつまいもの他に、パプリカ（黄・赤）、ナス、チンゲン菜の計五種類もあった。これは季節によって変化する。いやあ、完全栄養食じゃないかってくらいにどっさりなトッピングである。

「ナポリタンは『昔懐かしの』という代名詞が付きますが、そこはリスペクトしながらも、時代とともにいろいろなものが多様化していく中で、その時代において良いと思うもの、便利と思うものに関しては残しても良いし、変えても良いんだと思います。やはり新しい部分も取り入れながら醸成させていくことが文化なんだと思います。そういう考えで、これからもナポリタン専門店に携わっていきたいです」

大坂氏は先人が残したナポリタンという料理を、その時代に合ったものにアレンジしながら、次世代へ繋げていきたいと本気で考えている。

横浜初のロメスパ業態「焼メシ焼スパ金太郎」

東京は前出の伊丹十三氏が『女たちよ！』で「炒め饂飩」と揶揄しているように、一九六〇年代からスパゲッティ専門店が多く存在し、今日まで続いている。

東京というオシャレで忙しい街では、オシャレなスパゲッティを立ち食いソバのようにササっと食べて午後の仕事に向かうという文化がある。それらは「ロメスパ」と呼ばれている。「路面のスパゲッティ」からなまった言葉らしい。

横浜にはそんな業態は存在しなかった。存在はしたことがあるのかも知れないが、東京に比べて比較的緩やかな雰囲気の横浜では、洋食やホテルなどでゆっくりと腰を据えて食べる文化の方が尊重されてきたのだろうから、馴染まなかったのかも知れない。

横浜駅西口。五番街という賑わいのある通りを抜け、ムービルという映画館へ。その一階のテナントに「**焼メシ焼スパ金太郎**」がある。

焼メシ（炒飯）と焼スパ（炒めスパゲッティ）を売りとしていて、完全なスパゲッティ専門店ではないが、この店こそ、横浜市内では今世紀初めてとなる「ロメスパ」業態と言っても間違いはないだろう。

運営するのは太洋観光株式会社。横浜西口五番街を中心に七店舗の飲食事業を展開している。太洋観光の創業はかなり前であり、「おでん ひさご」という店は六十年以上の歴史があるとのことだが、資本の変更などを経て二〇〇一年創業となっている。五番街では「中華一龍王」という地元ではかなり人気がある中華料理店があるが、こちらも太洋観光が運営していることはあまり知られていない。

二〇一三年、ムービルで別会社が運営していた中華料理店が閉店し、空いたテナントでビル来訪者へ向けた新しい店をやろうということになった。

「何か新しい業態にチャレンジしてみたかったのです。ちょうど東京では『ロメスパ』が注目されていたけれど、横浜にはなく、ナポリタン発祥の街である横浜でロメスパをやるのは面白いのではないかと。東京のロメスパを皆で食べ歩いて研究しましたね。『焼メシ』については『龍王』で絶対的なノウハウと実績を持っているので、『焼メシ焼スパ』の二刀流でやってみようと」（太洋観光株式会社取締役兼運営部部長・竹村泰隆氏）

こうして世のおじさんが歓喜する炭水化物の二枚看板の焼メシ焼スパ金太郎がオープンしたのだ。

スパゲッティでもいろいろなメニューはあるが、ナポリタンは注文の五割前後を占める人気メニューだ。ソースはデルモンテトマトケチャップをベースにニンニクを利かせたもの。昭和産業の二・二㎜の太麺を前日茹で置きし、龍王仕込みの中華鍋で豪快に炒める。

「手は痛いですよ。でも『金太郎』で痛めたわけではなくて。『龍王』時代からの勤続疲労です。中華鍋で炒めるのはてこの原理の応用なのでそれほど力を入れるものではないのです。麺の前日茹で置きが一番辛い作業ですよ。多い時は五、六十kg茹でます。茹で上がりで百五十kg近くなりますからね。夏場なんか湯気を見た瞬間に帰りたくなります（笑）」

そう話すのは「焼メシ焼スパ金太郎」店長の長濱康夫氏。長濱氏も龍王で長く勤務後、金太郎の店長となって、今日に至る。

「サラリーマンが昼飯に何を食おうか、と考えた時に、『ナポリタンを食おうか』という人って、実はまだそんなにいないですよね。ラーメンに炒飯というセットを食べる人も多いですが、これからはナポリタンに炒飯というのは面白いでしょう」（長濱氏）

麺の量は小から並、大、メガ、ギガと豊富で、そのコストパフォーマンスから平日は地元のサラリーマンの常連が多く、休日は映画館の客やムービル内にあるライブハウスの客などが多いという。また金太郎では学割サービスを行っており、学生証の提示で大盛りサービスが受けられる。学生が限られた小遣いでナポリタンを腹一杯食べる経験をすると、社会人となっても忘れないだろう。そしてナポリタンという料理に愛着を持ち、大人になった彼らがきっと何らかの形でさらに若い世代へそれを伝えるだろう。すなわちナポリタンが「国民食」へ広がっていくための大切な取り組み、これもまた「食育」である。

モータリゼーションの横浜ならではのロメスパ「横浜ナポリタンPUNCH」

「焼めし焼スパ金太郎」のスタイルは、東京同様、鉄道網が行き届いている駅周辺のロメスパスタイルである。横浜は市域全体で見ると鉄道網は東京ほど行き届いていないので、モータリゼーション、つまり自家用車やバスなどでないと移動できない場所が存在する。

二〇一八年にオープンした「**横浜ナポリタンPUNCH**」は横浜市中区錦町にある路面店だ。店主の栗本志能武氏は、広島県出身で現在も広島県内で事業を行う実業家である。栗本氏の母が横浜市出身とあって、幼い頃から横浜には馴染みがあり、横浜らしい飲食店ということでナポリタン専門店を立ち上げた。

中区錦町というエリアは横浜に詳しい人でもピンとこないであろう。本牧ふ頭に隣接し「マリンハイツ」という港湾労働者向けの住宅がある、まさに「港町」ではあるが、最寄り駅ははるかに遠く、バスでさえも一時間に数本程度しか出ていない。自家用車でもなければなかなか行けないお店だ。

「私はこの雰囲気こそ、『ヨコハマ』だと感じたので、即出店を決めました」（栗本氏）

商業テナントとなっているマリンハイツの一階に出店し、港湾労働者向けに朝七時からオープン、昼の三時には閉店する平日営業のみのスタイル。栗本氏の狙いは見事にハマる。港湾労働者だけでなく、その周辺を車で移動するビジネスマンなどが、お昼時には連日行列を作る。お店の情報はホームページで軽く紹介するのみで、公式ＳＮＳなども持たないが、一般客の口コミやＳＮＳでじわじわと存在感を出し、メディアにも度々取り上げられるようになった。

食券スタイルのＰＵＮＣＨのメニューは、ずばりナポリタンのみ（ナポめしというのもある）。麺の量を選べ、お好みで各種トッピングが存在する。カゴメのトマトケチャップをベースに五種類の調味料をブレンドしたオリジナルソースは甘みがあってクセになる味わいだ。

ナポリタンと言えば、重い鉄のフライパンで炒めるイメージがあった。現に老舗の洋食屋や喫茶店ではその姿をよく見かける。これでは必然的に力のある男性が調理に携わることになってしまう。

筆者自身もそれが美味いナポリタンの条件だと信じ切っていたが、ＰＵＮＣＨでは女性スタッフが中心で、何十種類から選んだというテフロン加工のフライパンで調理しているのだ。さほどフライパンを振ることもなく、ソースの乳化で美味いナポリタンを作り上げている。これは省力化だけでなく、ジェンダーフリーにも繋がり、次世代へ向けたナポリタンのロールモデルになるのではないかと思う。

車でないと行けない埠頭のナポリタン専門店。店舗の駐車場は備えられているので、路上駐車はしないように。

沖縄・那覇の遊び心満載な新しいナポリタン「うちなーナポリタン赤翡翠」

琉球王朝の時代から諸外国との交流を通じ、独特の食文化を築いてきた沖縄にもナポリタンの専門店が生まれている。

那覇市の久茂地というエリアは、那覇市街の中でもオフィスビルや雑居ビルが多く建ち並ぶ。その界隈に、「**うちなーナポリタン赤翡翠《あかしょうびん》**」がある。

オーナーの眞部隆志氏は株式会社キングフィッシャー沖縄という会社の代表取締役で、沖縄でスキューバダイビングや魚釣り、船上バーベキューやマリンスポーツ全般のサービス業がメインで、それらのお客を経営するバーへ案内していたが、二〇二二年六月にバーだった店舗をナポリタン専門店にした。店名の「赤翡翠」は、社名の「キングフィッシャー」が由来である。
「もともと喫茶店のナポリタンが大好きで、このお店の近くにある居酒屋のオーナーの同級生が、これからはナポリタンが面白いぞって話して、美味いナポリタンのレシピを教えてくれたので、ナポリタン専門店を始めました」(眞部氏)
宮古島で創業六十年以上の銘麺「ハワイ製麺所」から取り寄せた沖縄そばで作るナポリタン。「うちなー」は沖縄を意味し、「うちなーナポリタン」は「沖縄ナポリタン」ということになる。汁麺だけでなく、焼きそばとしても親しまれている汎用性の高い沖縄そばは、ご当地ナポリタンとしてパワーアイテムだ。
メニューはナポリタンだけ。選べるのは麺の量、そして具材を好みで調整できるのみ。オーダーが入ったらハワイ製麺の生麺が素早く茹でられ、具材とともに炒められる。目玉焼きとマカロニサラダがデフォルトでトッピングされる。ナポリタンにマカロニサラダ。炭水化物同士なのに、シークワーサーが隠し味となったマカロニサラダがとても爽やかで良い箸休めとなる。うちなーナポリタンの不思議。

ひと口頬張って、言うまでもなく美味い。トマトケチャップの甘味と酸味に自家製マリナラソースの爽やかさがハワイ製麺のモチモチとした沖縄そばに絶妙に絡む。沖縄そばのトマトケチャップ焼きそばは以前から存在していたが、それらとは一線を画す、沖縄ならではの新しいナポリタンである。

面白いのは卓上の味変アイテムだ。タバスコ、粉チーズはもちろん、クォーターペッパー、マヨネーズ、お好み焼ソースに「シャア専用」がある。

「ガンダムの中でもシャア・アズナブルが好きということで、シャアのイメージカラーの赤いソースをオリジナルで作ったわけです。とうがらしベースですが、タバスコとはまた一味違う辛さですね」(眞部氏)

シャア専用色のシャア専用。味としてはシラチャーソースを思わせるが、辛さの中にコクがあり、ナポリタンによく合う。

お好み焼ソースというのも珍しいが、これはこれでアリだ。

「私が大阪出身なので、マヨネーズを置くならお好み焼ソースもだろうと、シャレみたいなもんで。ナポリタンには普通かけないと思うでしょ? でもね、置いとくとみんな結構使うんですよね」

遊び心満載な眞部氏はそう言ってニヤつく。

観光資源がこれでもかというほど豊富な沖縄に「沖縄でナポリタンを食べよう」という新たな選択肢が加わり、うちなーナポリタンをはじめとした沖縄のナポリタン文化がますます定着することを期待したい。

朝ドラから生まれた「やんばるナポリタン」は広がりを見せるか

筆者が所属する「日本ナポリタン学会」では、二〇二二年に「やんばるナポリタンキャンペーン」と題し、横浜市内の日本ナポリタン学会認定店のうちの十店舗において期間限定の「やんばるナポリタン」メニューを展開した。

このやんばるナポリタンとは、NHKの朝の連続テレビ小説「ちむどんどん」で登場したものだ。黒島結菜扮するヒロイン・暢子が学園祭で沖縄そばを提供しようとするも、不意にスープの寸胴をこぼしてしまい、窮地に陥ったものの、沖縄そばでナポリタンを作ってその場をしのいだ。沖縄が舞台のドラマだったが、このヒロインは東京へ料理修業に行く。そこで住まいとしていたのが横浜の鶴見だったのだ。鶴見は大正時代から京浜工業地帯へ職を求めて多くの人々が移住した街で、沖縄から移住した人々は同志でコミュニティーを形成した。現在も「リトル沖縄」と呼ばれるエリアが存在する。

沖縄と横浜。ドラマに乗っかって、街を盛り上げようというキャンペーンだった。

「やんばる」というエリアは沖縄本島北部の十二市町村と位置付けられており、「やんばるナポリタン」となると厳密にはやんばるエリアの何かが入っているべきなのかも知れないが、ドラマ上でもやんばるナポリタンはシークワーサーを練り込んだ沖縄そばというふわっとしたものであったので、参加十店舗も沖縄風のナポリタンであればそれで良しということにした。参加店舗のメニューは次の通りだ。

・珈琲ぱぁらー泉（横浜市南区南太田）「やんばるポラタ」
・ジョルニカフェ玄（横浜市青葉区しらとり台）「淡路島ぬーどるのやんばるナポリタン」
・珈琲専門店山百合（横浜市鶴見区鶴見中央）「やんばるナポリタン」
・立寄処道中（横浜市中区新山下）「ゴーヤチャンプルーナポリタン」
・洋食バル横浜ブギ（横浜市中区住吉町）「冷やしやんばるナポリタン」
・レストランシャルドネ（横浜市中区初音町）「やんばるナポリタン」
・レストランヤンキース（横浜市中区真砂町）「やんばるナポリタン」
・街の珈琲店よこはま物語（横浜市都筑区見花山）「やんばるナポリタン」
・喫茶かなで（横浜市港北区日吉本町）「ゴーヤチャンプルー風やんばるナポリタン」
・喫茶タンゴ（横浜市鶴見区佃野町）「やんばるナポリタン」

各店舗は日々忙しい中、このキャンペーンのためにメニューを考えてくださり、どれも美味しいやんばるナポリタンであった。

そして、キャンペーン期間中にやんばるエリアの環境保全に役立ててもらえるよう、募金箱を置かせていただいていた。集まったお金は決して多くはなかったが、それでもこの思いに賛同してくださった方々の気持ちを届けるべく、二〇二三年七月に沖縄県名護市を訪問し、このお金を「やんばるチームどんどん協議会」へ贈呈した。

この訪問にはもう一つの目的があった。やんばるチームどんどん協議会事務局の末吉司氏から、「日本ナポリタン学会やんばる支部」を設立したいという申し出があり、そのキックオフイベントに位置付けようというものだ。

沖縄県内でキッチンカーの営業をしている「キッチントラックいいね！」の丸山寛治氏はこの日のためにやんばるナポリタンを試作した。沖縄そばを使い、豚肉を具材にトマトケチャップとシークワーサー果汁でまとめたものは美味しかった。

ドラマがきっかけとなって、横浜と沖縄のやんばるエリアの方々との交流ができた。それを一過性で終わらせてはもったいない。これから更なる広がりを見せていきたい。それが日本ナポリタン学会やんばる支部の趣旨だ。

「『ちむどんどん』のエピソードで『やんばるナポリタン』というメニューが出てきたのをきっかけに、これをご当地で食べられるようにしたいと、やんばるでの活動がスタートしました。息の長い地道な地域活動として楽しみながら、普及させていきたいと考えています。

やんばるケチャップと特製手打ち麺で世界のお客様をおもてなしするという、夢や妄想は膨らむばかり。沖縄にお越しの際は、やんばるまでメンソーレー（お越しください）」（日本ナポリタン学会やんばる支部事務局・末吉司氏）

うちなーナポリタンにやんばるナポリタン。沖縄にもナポリタンの追い風が吹く。

昭和産業の「太麺スパゲッティ」

ナポリタンが復活の兆しを見せていた二〇〇九年に昭和産業は「**太麺スパゲッティ**」という二・二㎜の商品を発売した。それまでは二・二㎜のスパゲッティは日本製麻のボルカノスパゲッチのブルーオーシャンだったが、競争が始まったとなるとナポリタンが国民食への道を突き進んでいるのではないかという淡い期待を抱く。

昭和産業ではもともと二・二㎜は業務用で製造していたようで、家庭用商品として販売するのは難しいことではなかったようだ。

「当時、家庭用スパゲッティ市場は麺の太さが一・七㎜以下の商品で占められていました。そこで『男性志向』『ボリューム感』をキーワードとし『昔懐かしいナポリタン』にマッチしたスパゲッティとして発売しました。デュラムセモリナ一〇〇%とは異なる弾力、コシを出すために強力小麦粉を配合し食感にもこだわっています。今年で発売十五年目を迎えますが、発売以来伸長を続けており、特に直近五年間では二・五倍以上と大幅に増加しています」（昭和産業株式会社企画部コーポレート・コミュニケーション室・赤松宏子氏）

ナポリタン市場が徐々にケチャップでケチャップを洗うレッドオーシャンの時代に差しかかっている。

ナポリタンは「文化的な美味さ」であり続ける

トマトケチャップ最大手・カゴメの「ナポリタンスタジアム」や、ナポリタン専門店「スパゲッティーのパンチョ」の全国展開や食育、その他個人ベースではあるが各地でのナポリタン専門店の動き。今までの昭和な喫茶店や洋食店が長年出し続けてきたスパゲッティナポリタンが新たなフェーズへと移行しつつあることを示している。

人口減少、少子化など、日本の将来は懸念事項が山ほどあるが、飲食事業も担い手が不足し、ゆくゆくはレストランテックが進化してロボットが完全調理する日が来るのかも知れない。人の手の温かみがこもらなくなるのは寂しいが、食文化は時に時代に合わせていかないといけないだろう。仮にそうなったとしても、どこかに人の心がこもってさえいればいいのではないか。

人々の舌は進化し続ける。と同時に、和洋折衷の料理も進化をし続ける。

ある人がテレビでふきのとうについて述べていた。ふきのとうを口にした時のあの苦みは、春という季節に日本でしか味わえない「文化的な美味さ」なのだと。

スパゲッティナポリタンという料理は、作り手によって様々ではあるが、一般的に言えばトマトケチャップで炒めた料理だ。麺はアルデンテでもない。世の中にはもっと洗練された料理がたくさん存在している。何と言っても日本の食文化は世界的にみても多種多様だ。だが、そんな昨今でも多くの人々の心の中にはナポリタンがある。多くの飲食店で出されるスパゲッティナポリタンには、それぞれのストーリーが込められている。ナポリタンそのものの味わい以外にも、例えば喫茶店であればその空間やマスターの人となりも味わいの一つであり、これもやはり「文化的な美味さ」に他ならないのである。

多くの人々の郷愁をつかさどってきたスパゲッティナポリタンは、今後国民食として人々の心を打っていくだろう。

と、述べてはみたが、前出のイートナポ氏は言った。

「ナポリタンを『国民食』としてラーメン、カレーと並べられるとおこがましいですが、十分な素質はあると思います。それでも、そんな高貴な場所ではなくて、選択に困ったときのナポリタンや生姜焼きの位置がちょうど良いと思います」

おわりに

『ナポリタンの不思議』を最後までお読みいただきありがとうございました。

私自身、二〇一〇年に出した『麺食力―めんくいりょく』（ビズ・アップロード）以来の著書でございます。『麺食力』は横浜市内の百五十店舗近い麺料理のレポートをエッセイ風に書いたもので、特に苦労はしませんでしたが（特に売れもしなかったですが）、今回の『ナポリタンの不思議』は取材先件数をものすごく多くぶち上げてしまい、大変な思いをする羽目となってしまいました。一冊の本としてちゃんとアウトプットするという本来の目的よりも、自分自身が知りたいと思う衝動に駆られた結果でして、やはり対象者のいる場所へ赴いて話を聞くというのはとても大事にしていることでございます。

ナポリタンの歴史について触れた本はありそうでなかなか明確なものがない状況で、私のような者にその決定版が出せるのかどうかはわからず、こうして一冊の本として仕上がった現在でもそれがちゃんとできたのかという手ごたえもちょっとわからないのですが、その判断というか評価は読者の方に委ねたいと思います。お手柔らかにどうぞ。

今回この企画・編集を担当くださり、締め切りをなんとなく延ばしたりして多少困らせたりもしたマイナビ出版の田島孝二さん、外食業界に身を置いてアドバイスや資料提供などをいただいた成瀬武見さん、取材のためにシフト調整してくださった安井弘至主任となんとなく気を遣ってそっとしてくれていた職場の皆さん、関西方面の取材旅に付き合ってもらった母・倫子さん、関西方面で母共々泊まらせてくれた伯母・松本裕子さん、取材や執筆に夢中で煩わしいマンションの理事業務を代行してくれて家事も助けてくれた妻の登志子さん。あとは日本ナポリタン学会の皆さん、認定店の皆さん、特にこの本の最初の打ち合わせ場所を設けてくださった横浜・南太田「珈琲ぱぁらー泉」マスター・八亀淳也さん、定期的な執筆作業場として美味いナポリタンやアイスコーヒー類とともにＷｉ‐Ｆｉや電源まで提供いただき、帰り際に領収書をきっちり出してくれた横浜・黄金町の「珈琲山」マスター・山崎宏和さん。皆様には厚く御礼申し上げます。本当にありがとうございました。
一冊の書き下ろしはとても苦しいものでしたが、時が経てばその苦しみが恋しくなってくると思いますので、皆さんその時にまたお会いしましょう！

日本ナポリタン学会会長
田中健介

参考文献

『横浜流～全てはここから始まった～』（東京新聞出版局）髙橋清一
『ホテル・ニューグランド50年史』（ホテル・ニューグランド）白土秀次
『横浜の時を旅する ホテルニューグランドの魔法』（春風社）山崎洋子
『横浜ことはじめ』（かもめ文庫）半澤正時
『仏蘭西料理献立書及調理法解説』（奎文社出版部）鈴本敏雄
『古川ロッパ昭和日記　戦前篇』（晶文社）古川ロッパ
『梅檀木橋　しがない洋食屋でございます。』（朝日新聞出版）望月豊
『辻嘉一・小野正吉　食の味、人生の味』（柴田書店）辻嘉一、小野正吉
雑誌『飲食店経営』（アール・アイ・シー）１９８３年11月号
『西洋料理人物語』（築地書館）中村雄昴
『ホテルオークラ 総料理長の美食帖』（新潮新書）根岸規雄
『横浜・神戸二都物語』（有隣堂）朝日新聞横浜支局、朝日新聞神戸支局
『若い調理師のために料理長は語る』（柴田書店）
『荒田西洋料理』（柴田書店）荒田勇作
『イタリア料理大全 厨房の学とよい食の術』（日本語版は平凡社）ペッレグリーノ・アルトゥージ
『社船調度品由来抄』（日本郵船）

『日本パスタ協会50年史』（日本パスタ協会）
『アメリカンレシピ』（オデルス・サービス・ビューロー）ドウタース・オブ・アメリカ委員
『日本外食全史』（亜紀書房）阿古真理
『女たちよ！』（新潮文庫）伊丹十三
『ソース焼きそばの謎』（ハヤカワ新書）塩崎省吾
『気がつけばチェーン店ばかりでメシを食べている』（講談社文庫）村瀬秀信
『洋食ウキウキ』（中公新書ラクレ）今柊二
『日本のホテル小史』（中公新書）村岡實
『ナポリタン』（小学館文庫）上野玲
『ナポリへの道』（東京書籍）片岡義男
『日本全国　懐かしくておいしい！　ナポリタン大図鑑』（中経出版）イートナポ
『クレイジーケンの夜のエアポケット』（ぴあ）横山剣
『ブルーライトヨコハマ』（徳間文庫）3 amigos family studio
『はま太郎』12号・14号（星羊社）
『麺食力―めんくいりょく』（ビズ・アップロード選書）田中健介
『美味しんぼ第25巻 対決!!スパゲッティ』（小学館）花咲アキラ、雁屋哲
『横浜の食文化』（横浜市教育委員会）「横浜の食文化」編集委員会
『良平のヨコハマ案内』（徳間文庫）柳原良平
『ヨコハマウォーカー』２０１３年６月号（角川マガジンズ）

●著者プロフィール
田中 健介（たなか・けんすけ）
1976年、横浜市戸塚区生まれ。その後横浜市南区、中区で育つ。横浜発祥と言われるスパゲッティナポリタンを愛し、2009年より「日本ナポリタン学会」会長として、横浜を中心にナポリタンの面白さを発信する。ライターとしては著書に『麺食力―めんくいりょく』（ビズ・アップロード）、その他『はま太郎』（星羊社）、『横濱建築』（TWO VIRJINS）、Yahoo! ニュースエキスパートなどへの寄稿も多数。

マイナビ新書

ナポリタンの不思議

2024年7月31日　初版第1刷発行

著　者　田中健介
発行者　角竹輝紀
発行所　株式会社マイナビ出版
〒101-0003　東京都千代田区一ツ橋2-6-3　一ツ橋ビル2F
TEL 0480-38-6872（注文専用ダイヤル）
TEL 03-3556-2731（販売部）
TEL 03-3556-2735（編集部）
E-Mail pc-books@mynavi.jp（質問用）
URL https://book.mynavi.jp/

装幀　小口翔平＋嵩あかり（tobufune）
DTP　富宗治
印刷・製本　中央精版印刷株式会社

　ISBN978-4-8399-8618-6
Printed in Japan